COMMENT MAÎTRISER
SES ÉMOTIONS

Catalogage avant publication de Bibliothèque et Archives Canada

Lewis, Patricia

    Comment maîtriser ses émotions

    3ᵉ édition

    (Collection Psychologie)

    ISBN 2-7640-1164-4

    1. Émotions. 2. Maîtrise de soi. 3. Réalisation de soi. I. Titre. II. Collection: Collection Psychologie (Éditions Quebecor).

BF562.L49 2006   152.4   C2006-941327-4

LES ÉDITIONS QUEBECOR
Une division de Éditions Quebecor Média inc.
7, chemin Bates
Outremont (Québec)
H2V 4V7
Tél.: (514) 270-1746
www.quebecoreditions.com

© 2006, Les Éditions Quebecor pour la présente édition
Bibliothèque et Archives Canada

Éditeur: Jacques Simard
Conception de la couverture: Bernard Langlois
Illustration de la couverture: Laura Tedeschi/Veer

Nous reconnaissons l'aide financière du gouvernement du Canada par l'entremise du Programme d'aide au développement de l'Industrie de l'édition (PADIÉ) pour nos activités d'édition.

Gouvernement du Québec – Programme de crédit d'impôt pour l'édition de livres – Gestion SODEC.

Imprimé au Canada

COMMENT MAÎTRISER
SES ÉMOTIONS

PATRICIA LEWIS

LES ÉDITIONS
Quebecor
QUEBECOR MEDIA

1
À la recherche du bonheur

Tous les individus de la terre, hommes et femmes, quels que soient la couleur de leur peau, leurs croyances religieuses, leurs us et coutumes, sont à la recherche du bonheur. Mais qu'est-ce que le bonheur? Le définir est difficile, voire impossible, puisqu'il s'agit d'une notion extrêmement relative. Chaque être humain, en réalité, se fait sa propre idée là-dessus. Tout de même, on peut avancer sans grand risque de se tromper que c'est un état de quiétude, de plaisir ressenti, de bien-être, d'harmonie et d'équilibre.

Sur le plan pratique, le bonheur, c'est, pour les uns, la richesse; pour d'autres, c'est la satisfaction des sens; pour d'autres encore, c'est l'autonomie, ne dépendre de personne. Mais, pour la plupart des gens, le bonheur c'est, tout simplement, posséder une voiture ou une maison confortable, vivre à la campagne, loin du rythme fou de la ville (ou, au contraire, vivre à la ville loin de la léthargie rurale), être en mesure de s'exprimer par les arts ou avoir un partenaire amoureux et des enfants...

À l'inverse, le «non-bonheur» se définit comme une insatisfaction, un mécontentement, de l'amertume, un déséquilibre entre les désirs et la réalité, un chaos émotif, un déplaisir quasi permanent, des frustrations, bref, c'est un mal-être général.

Mais pourquoi certaines personnes donnent-elles l'impression d'être nées pour le bonheur, alors que d'autres semblent être constamment enlisées dans les sables mouvants du déplaisir et de la peine?

De nombreux auteurs, plusieurs grands spécialistes (chercheurs, médecins, cancérologues, «psy» de toutes catégories et encore bien d'autres mandarins de notre vaste monde) s'entendent aujourd'hui pour dire que le bonheur, c'est d'abord un état d'esprit, une attitude face à la vie, la capacité de gérer convenablement et avec succès la kyrielle d'émotions avec laquelle tous les êtres humains du monde doivent apprendre à négocier.

SE COMPRENDRE ET ÉVOLUER

Le livre que vous avez entre les mains n'est pas un traité de psychologie ni une encyclopédie médicale. C'est un livre pratique dont le but est de venir en aide à tous ceux qui veulent en apprendre un peu plus sur eux-mêmes, à ceux qui ont décidé de prendre en main les rênes de leur destinée afin de devenir les capitaines de leur propre navire, les maîtres de leur vie. Il s'adresse aussi aux cavaliers émérites qui ont appris à diriger leur monture d'une main de fer dans un gant de velours...

Quand un individu arrive à maîtriser ses émotions négatives, qu'il arrive à les dompter, à les discipliner, il s'ensuit une sorte d'éveil, l'émergence des forces intérieures, qui étonne toujours un peu, mais qui plonge invariablement l'individu dans le ravissement le plus total.

Car sitôt que quelqu'un découvre qu'en lui dorment des forces incommensurables qui lui permettent de faire face à toutes les situations, aussi difficiles soient-elles, il prend en même temps conscience qu'il a aussi le pouvoir de façonner son existence à sa guise.

Une vie sans stress aucun, dans notre société actuelle, est impossible à moins de vivre complètement en ermite, et encore! On ne peut pas toujours esquiver les situations déplaisantes, les problèmes reliés à la vie professionnelle, affective ou financière; on ne peut pas toujours «péter l'feu» et jouir d'une santé, en tous points, parfaite.

Cependant, on peut choisir la manière d'affronter les difficultés (avec soi-même et avec les autres), on peut choisir la façon d'aborder tout ce qui constitue une entrave à notre plaisir et à notre évolution. Le secret de la réussite ou de l'échec dans la résolution d'un problème particulier réside, le plus souvent, dans l'attitude qu'on adopte.

Certes, ce livre n'a pas la prétention de régler TOUS les problèmes. Nul ne possède LA vérité et LA solution miracle; LA panacée pour tous les maux n'existe pas encore.

L'ESPRIT COMPLEXE

L'esprit humain est complexe. C'est un labyrinthe dans lequel, bien souvent, les individus s'égarent et se perdent. Les pensées sont des entités sur lesquelles on a du mal à exercer un plein contrôle; l'imagination, en temps de crise, peut être galopante et mériter en certains cas son nom de «folle du logis». Les regrets, les remords sont des poisons auxquels, hélas, on a tendance à s'abreuver quand la vie claudique, mais cela ne fait qu'empirer notre état. Le doute est un autre poison, paralysant celui-ci; hypocrite et sournois, il prend possession de notre âme et devient rapidement, quand il s'installe, le fossoyeur de nos plans d'avenir. Et puis, il y a la culpabilité, cet horrible sentiment qui s'empare de nous à tout propos et qui fait chanceler notre confiance en soi.

Les «ennemis» sont nombreux, c'est évident; ils sont légion. Mais qu'à cela ne tienne! Vous avez, en vous, toutes les armes nécessaires pour les combattre. À la guerre comme à la guerre! Ouvrez votre coffre de guerrier. Découvrez et apprenez à connaître et à manier tout cet arsenal dont vous disposez et partez à la guerre aux émotions négatives.

Une guerre psychologique. Une guerre douce, subtile, stratégique, planifiée, tout à fait consciente. La guerre d'un esprit qui a décidé de se reconditionner et qui est prêt à tenir le siège le temps qu'il faudra pour atteindre son but ultime: établir la suprématie de l'esprit positif sur... absolument TOUT!

La guerre risque d'être longue. Lors des premiers combats, il y aura des succès et des échecs, des hauts et des bas, des moments de pure jubilation et d'autres de désespoir total. Il y aura autant de moments de certitude que d'instants de doute, autant de joie que de colère, autant d'ombre que de lumière.

Mais, au fur et à mesure que les exercices se poursuivront, les échecs seront de plus en plus rares. De plus en plus rares aussi les *downs*, le désespoir, les doutes et la colère.

Puis, un beau jour, à force de foi, de courage, de patience, de ténacité, de persévérance, vous serez déclaré vainqueur.

Chaque être humain est un pays en soi. Partez à la conquête du vôtre. Découvrez-en toutes les étendues, les sommets, les chemins sinueux, les tunnels, les souterrains, les catacombes; prenez conscience de ce qui tombe en ruines, de ce qui mérite d'être restauré ou, au contraire, rasé. Explorez-en les moindres recoins, chassez les brigands (mauvaises pensées, sentiments négatifs, émotions destructives) que vous y rencontrez.

Remerciez et encouragez les bons sujets (les pensées positives, les bons sentiments, ceux qui sont vrais, créateurs, féconds, productifs). Faites-vous obéir! Parcourez-le, votre pays, inlassablement, jusqu'à ce que vous puissiez enfin proclamer, sourire aux lèvres et cœur léger: Pays conquis!

Car ce n'est qu'en dirigeant, de façon hyperconsciente, vos actes de tous les jours que vous verrez augmenter votre puissance personnelle, votre charisme, votre pouvoir sur les événements, votre pouvoir de concentration et la maîtrise parfaite de vos émotions. Et puis, votre existence vous paraîtra, soudain, magique.

L'homme n'est pas venu sur terre pour souffrir. Prenez conscience de tous ces pouvoirs qui dorment en vous. Réveillez-les! Exploitez-les! Cessez de vivre en profane, d'être soumis aux aléas de la vie. Initiez-vous aux infinis bienfaits d'une pensée positive et nul doute que votre qualité de vie s'en trouvera considérablement accrue.

2
Les émotions négatives

QUE SONT-ELLES?

On dit d'une émotion qu'elle est négative lorsqu'elle pro-voque, chez l'individu, un sentiment désagréable, déran-geant, déplaisant. Voici quelques-unes de ces émotions, que tous, même les très jeunes enfants, ont expéri-menté au moins une fois (mais le plus souvent plusieurs fois) au cours de leur existence. Bien entendu, il ne s'agit pas ici d'établir une liste exhaustive de toutes les émo-tions importunes, mais plutôt de dresser une liste des émotions négatives les plus communes:

– jalousie, envie, convoitise;

– animosité, haine, ressentiment, rancune, désir de vengeance;

– tristesse, peine, douleur (physique/psychique);

– agressivité, violence;

– colère, rage, fureur;

– frustration;

– peur (de tout et de rien; la plus fréquente étant sans aucun doute la peur d'avoir peur, l'anticipation d'un danger, d'un problème, etc.);

– inquiétude, insécurité (affective et financière);

– doute, incertitude;

– remords, regrets, sentiment de culpabilité;

– impatience;

– révolte, indignation.

Quand il y a émotion négative, il n'y a pas de plaisir. La vie perd son sel et sa lumière. Cette absence de contentement et de joie de vivre provoque à son tour différentes réactions dans l'organisme.

LES CONSÉQUENCES

Lorsque les émotions négatives sont nourries, entretenues ou même passivement subies par l'individu, elles engendrent des problèmes de santé (physique ou mentale), problèmes dont la gravité dépend de l'intensité des émotions ressenties. Quand elles sont multiples, ces émotions infestent et empoisonnent l'existence des individus, qui se voient alors face à une série de malaises qui se traduisent par un mal-être général.

Voyons un peu ce que coûtent les émotions négatives.

Sur le plan physique

Les effets physiques des émotions négatives sont nombreux. Il s'agit, en fait, de toutes les maladies et de tous les malaises, petits et grands, possibles et imaginables, dont puisse souffrir un être humain. Du simple mal de tête au cancer, mortel dans bien des cas, il semble maintenant établi, tant sur le plan social que médical ou scientifique, que les émotions ont un impact majeur sur l'état de santé des gens.

Les émotions positives engendrent des gens lumineux, rieurs, optimistes, pleins d'énergie et en excellente santé, alors que les émotions négatives occasionnent... tous les maux de la terre!

Vous trouverez au chapitre 3 une liste des maladies et des troubles les plus communs, liés au mal-être.

Sur le plan psychique

Les conséquences psychiques des émotions négatives sont plus insidieuses, plus sournoises que les effets strictement physiques, bien que les uns et les autres soient absolument indissociables. Ils sont aussi plus difficiles à cerner. Certes, les problèmes psychiques s'installent plus lentement qu'une fulgurante migraine, cependant, ils établissent leur quartier un petit peu plus chaque jour, s'enfonçant, toujours plus profondément et plus largement, dans le confort d'un esprit vulnérable et faible pour y causer de douloureux ravages.

Lorsque surviennent des événements générateurs d'émotions négatives, l'individu se voit forcé d'en subir certaines conséquences. Cela va de la perte de l'espoir

(qui peut n'être que momentanée) à la perte plus endémique de la confiance en soi et celle, encore plus dra-
matique, de l'*estime de soi.*

C'est particulièrement de ce type d'émotions qu'il
sera question dans ce livre, c'est-à-dire celles qui laissent l'individu apathique, triste, découragé, morose,
mélancolique, maussade.

Vous trouverez par ailleurs au chapitre suivant
une description des «désordres» psychiques les plus
communs, allant de l'abattement, qu'on nomme cou-
ramment le *down*, à la dépression.

3
Les troubles du mal-être

LES SYMPTÔMES RECONNAISSABLES

Comme nous l'avons vu précédemment, les maladies et les malaises liés au mal-être sont très nombreux. Je n'écrirai pas un dictionnaire médical, mais je vous propose de parcourir cette liste des symptômes les plus communs.

Bien entendu, il est normal, de temps à autre, de ressentir quelques-uns de ces états, mais si cela se produit à répétition ou si vous ressentez fréquemment plusieurs de ces symptômes à la fois, c'est qu'il y a un problème qui demande votre attention. Les malaises et les maladies sont des grains de sable qui embarrassent et désorganisent les engrenages de nos divers mécanismes, et il faut régulièrement les balayer.

Réfléchissez! Disons que vous possédez une automobile. Certains matins, elle démarre au quart de tour et d'autres, elle refuse obstinément de partir; certains jours, vous dévorez les kilomètres puis, durant une semaine, l'embrayage (ou les freins, ou l'accélérateur) vous cause des problèmes si sérieux que vous devez prendre un taxi pour vous rendre à bon port. Que faites-vous? Chose certaine, vous ouvrirez (ou ferez ouvrir) le capot de votre automobile, au moins «pour voir»! Si vous en êtes capable, vous réparerez le problème vous-même, sinon vous mènerez la voiture au garage, où des spécialistes lui feront une mise au point complète.

Votre corps et votre esprit sont VOS véhicules. Pourquoi acceptez-vous si facilement de les laisser se détériorer, s'affaiblir, s'abîmer sans faire le moindre geste pour les remettre en état?

Réfléchissez encore! Si, au cours d'une balade, vous entendiez crier «À l'aide! Au secours!», vous vous précipiteriez sans doute à la rescousse de la personne en danger... Les symptômes du mal-être, quand ils accablent un individu de façon habituelle, voire permanente, sont aussi des appels au secours. Vous n'avez pas le droit de faire comme si vous ne les entendiez pas. Vous avez le devoir de vous porter assistance...

LE PHYSIQUE

Voici donc une liste des principaux «appels à l'aide» que nous lance notre corps:

– mal de dos;

– fatigue physique quasi permanente;

– mal de tête à répétition allant jusqu'à l'insoutenable migraine;

– phobies;

– perte d'appétit, de poids, anorexie;

– rage de faim;

– transpiration abondante;

– perte de tonus musculaire, crampes, muscles douloureux;

– perte d'énergie;

– tremblements;

– nausées;

– tics nerveux;

– troubles du sommeil (insomnie, cauchemars);

– manque de désir sexuel;

– étourdissements;

– problèmes de la vue;

– ulcères et brûlures d'estomac;

– digestion difficile;

– problèmes d'élimination (constipation ou diarrhée);

– hypertension artérielle;

– mains et pieds froids;

– crises de larmes;

– irritabilité, impatience;

– humeur changeante;

– sensibilité aux bruits, à la lumière;

– comportement asocial;

– difficultés de concentration;

– manque de coordination;

– confusion mentale;

– impatience incontrôlable;

– indécision;

– palpitations cardiaques;

– tendances suicidaires;

– maladies cardiovasculaires;

– arthrite, arthrose;

– difficultés respiratoires;

– hypoglycémie;

– affections diverses reliées à l'ensemble des glandes, du sang et des nerfs.

LE PSYCHIQUE

Voici une liste détaillée des principaux symptômes psychiques:

L'abattement

L'abattement est cet état que l'on qualifie parfois de *down*, parfois de déprime, parfois de spleen, de cafard, de nostalgie, de mélancolie. Il se caractérise par une fatigue (mentale et physique) momentanée, une sensation de lassitude, un affaiblissement des forces, une sorte de torpeur, de consternation, de désespoir calme, de découragement et même d'écœurement. Le corps est alors sans énergie et les pensées, plutôt sombres et moroses. En fait, cet état se distingue par un assaut d'idées noires.

Il y a deux types d'abattement: l'abattement sporadique, qui ne se produit que de temps à autre, de façon irrégulière et au gré des événements quotidiens, et l'abattement endémique, qui s'installe à des époques particulières, à des moments précis de la vie.

L'abattement sporadique

Ce type d'abattement peut durer de quelques heures à quelques jours, et il est généralement provoqué par ce que j'appelle la «cascade des malheurs».

La cascade des malheurs, c'est une série de petits incidents, somme toute plutôt banals, sans aucun lien entre eux et qui, du fait de leur accumulation à l'intérieur d'un court laps de temps, minent le moral et épuisent les réserves d'énergie. En faisant «boule de neige», ces incidents provoquent un amoncellement plus ou moins important de soucis, de tracas, de problèmes divers qui font dire à la victime: «Tout me tombe dessus en même temps...», «Non, mais qu'est-ce que j'ai fait au bon Dieu...?», «Tout l'monde fait exprès de me mettre des bâtons dans les roues!»

La caractéristique principale de ce type d'abattement est que si l'on prend individuellement chaque accroc, chaque péripétie, chaque incident contrariants et chaque à-coup emmerdant, il n'a, en soi, aucune espèce d'importance. S'il se produisait de façon isolée, il ne recevrait probablement aucune attention particulière. C'est véritablement l'addition des désagréments qui incite l'individu à baisser les bras, à s'affaisser et à se réfugier dans une sorte de désolante inertie.

L'abattement endémique
– Saisonnier: les saisons sont des périodes cycliques auxquelles l'homme est étroitement lié. Nos existences tout entières se déroulent à leur rythme et nous subissons, bon gré, mal gré, leur influence, bonne ou mauvaise.

Cependant, la saison préférée de l'un peut être la plus détestée de l'autre. Tout le monde connaît des gens qui pratiquent des sports d'hiver et qui rêvent, en novembre, de la première bonne bordée de neige qui leur permettra de dévaler les pentes de ski ou de sortir leur motoneige. Mais tout le monde connaît aussi des personnes qui, aux premières manifestations hivernales, plongent invariablement dans la déprime, voire dans la dépression. Ainsi va la vie! Ne dit-on pas que le bonheur des uns fait le malheur des autres?

La plupart des gens aiment l'été. Ils attendent sa venue avec impatience, rêvant du jour béni où ils pourront s'offrir de longs bains de soleil, quelques plongeons dans la piscine et un bon bifteck sur le barbecue. Mais il n'en est pas de même pour tous. Les gens qui souffrent de maladies cardiaques, de problèmes respiratoires ou d'allergies voient se poindre le soleil de juin avec mauvaise humeur et se réfugient souvent dans la solitude et la déprime. Là où d'autres sont heureux, eux sont découragés de voir les jours s'allonger à n'en plus finir et cherchent désespérément, et souvent en vain, l'ombre et la fraîcheur.

Cependant, il est rare que l'abattement saisonnier dure tout au long de la saison. C'est généralement à son approche que les individus concernés souffrent le plus de *down*. D'ordinaire, le mental s'adapte au bout de quelques jours ou de quelques semaines et supporte tant bien que mal les contrariétés imputables à la nature.

– Commémoratif: l'abattement commémoratif est une période de spleen, de nostalgie, de regret, de peine qu'un individu vit pendant quelques jours avant et après une date précise, une date anniversaire qui correspond à un souvenir douloureux.

Il peut s'agir de la date du décès d'un enfant, d'un conjoint ou d'un membre de l'entourage; de la date d'un divorce, d'une rupture, de la perte d'un emploi, d'une rencontre qui s'est soldée par un échec ou d'un événement qui a bouleversé l'existence comme une faillite, la vente forcée d'une maison, un incendie, etc.

Ce type d'abattement, comme l'abattement saisonnier, perd de son acuité au fil des jours. Après quelques années, au fur et à mesure que les souvenirs douloureux s'estompent, il peut, selon l'importance du drame vécu par l'individu, s'effacer jusqu'à sa complète disparition. Le temps qu'il dure, cet abattement se caractérise par le dégoût de toutes choses, une dégringolade du moral, une baisse importante d'énergie physique, une langueur et une tristesse infinies, une désespérance et un sentiment aigu d'impuissance.

LA FATIGUE

La fatigue corporelle

Elle est ressentie après un effort physique, une longue journée d'un travail harassant, un après-midi de magasinage ou après une fête qui s'est terminée un peu trop tard et durant laquelle on a un peu (beaucoup) abusé des... bonnes choses! Bref, c'est une fatigue tout à fait normale dont on connaît la cause et qui disparaît, plus ou moins rapidement, après une bonne nuit de sommeil, un bain relaxant ou une douche revigorante.

La fatigue de l'esprit

Cette fatigue requiert une plus grande attention. Pas la fatigue mentale éprouvée après un grand effort intellectuel qui, tout comme la fatigue physique, n'exige qu'une période de repos pour s'évanouir, mais plutôt la fatigue mentale récurrente, omniprésente, généralement imputable à un excès de responsabilités joint à une carence de moyens psychologiques ou financiers qui permettraient d'en abaisser le niveau.

C'est le cas, notamment, des couples avec enfants dont le revenu est inférieur aux besoins les plus fondamentaux (malgré, bien souvent, que les deux parents travaillent), et particulièrement des familles monoparentales où l'un des deux parents, le plus souvent la mère, porte sur les épaules toutes les responsabilités liées à l'éducation, au bien-être et au bonheur des enfants ainsi que celles, très prosaïques mais combien lancinantes, de la simple survie alimentaire.

Tous les gens que j'ai interrogés à ce sujet éprouvent le même sentiment: qu'ils soient au chômage ou qu'ils aient un travail rémunéré, les parents qui vivent pareilles situations sont toujours au seuil de l'épuisement. Prisonniers d'un cercle vicieux et infernal qui les condamnent, inexorablement, à un cycle ininterrompu de travail, d'activités obligatoires et de tâches domestiques, ils sont tous très fatigués. Ils ont tous, aussi, l'impression étouffante d'être enfermés dans un sombre tunnel au bout duquel il n'y a pas, hélas, cette lumière libératrice. En outre, ils souffrent tous d'un sentiment aigu de culpabilité. Paradoxalement, ces individus qui n'ont jamais une minute à eux, ont toujours l'impression de n'en faire pas assez.

Ceci dit, il ne faut pas croire que seuls les parents de famille biparentale ou monoparentale souffrent de fatigue mentale chronique. Il y a aussi tous ces gens, hommes et femmes, sur le marché du travail qui se démènent «comme des diables dans l'eau bénite» pour se faire une place au soleil (voir la section «La course à la performance», à la page 87), toutes ces personnes âgées qui se sentent vulnérables, inutiles, qui croient que plus personne n'a besoin d'elles et qui se laissent mourir à petit feu.

Il y a aussi toutes ces femmes à la maison qui accomplissent, en silence et sans être rémunérées, des tâches ingrates mais combien essentielles et qui se couchent, le soir, crevées et vidées... Il faut mettre fin à ces situations (voir la section «La fatigue», à la page 59).

L'anxiété et l'angoisse

L'anxiété et l'angoisse sont des états de mal-être interne qui s'accompagnent souvent de signes physiques: palpitations cardiaques, sensation d'étouffer, étourdissements, mains moites, tremblements, muscles douloureux, sentiment de panique.

L'anxiété et l'angoisse peuvent avoir différentes causes, mais celles-ci sont très difficiles à cerner et à définir. En voici quand même quelques-unes:

– stress important;

– maladie grave;

– perte d'autonomie;

– sentiment de rejet, d'abandon;

– inceste, viol;

– dépendance à des drogues ou à l'alcool;

– sentiment d'insécurité, doute;

– manque de confiance en soi;

– perte d'un enfant, d'un parent, d'un ami;

– peur (réelle ou imaginaire);

– peur à l'idée de revivre une situation traumatisante;

– disputes ou violence chronique, conjugale ou familiale;

– fatigue extrême, etc.

Quand l'individu devient incapable de supporter l'anxiété, on lui prescrit des anxiolytiques. Mais comme la prise de ces médicaments crée une accoutumance, c'est toujours avec beaucoup de prudence et de discernement que les médecins les prescrivent. En outre, la personne concernée doit, si elle veut se libérer de ce douloureux état, prendre les moyens qui s'imposent: suivre une thérapie, apprendre à gérer son stress et ses émotions, s'entraîner à la maîtrise de soi, etc. Si vous êtes concerné par l'anxiété et l'angoisse, ce livre peut très certainement vous venir en aide.

La dépression et la maniaco-dépression (ou maladie bipolaire)

La maniaco-dépression est une succession de hauts et de bas, de phases d'exubérance et de phases de dépression, entrecoupées de périodes dites normales. Ce trouble affecterait quelque cent mille Québécois dont seulement 10 % sont diagnostiqués.

Les phases d'exubérance (que l'on nomme «maniaques») se traduisent par une exaltation de l'humeur, alors que les phases de dépression se caractérisent par une humeur triste et maussade.

L'individu qui souffre de maniaco-dépression se montre tantôt exhibitionniste, fort, brave, courageux, téméraire, sexuellement insatiable, inconstant, impatient, fébrile, fanatique, insomniaque, infatigable et intolérant, tantôt irritable, triste, déprimé, désespéré, complètement dépourvu d'estime de soi et de libido, frigide, confus, incertain, hésitant, sans énergie, apathique et suicidaire.

Le dépressif, quant à lui, présente tous les symptômes dépressifs de la maniaco-dépression sans en présenter les symptômes maniaques.

À ce jour, les recherches tendent à montrer que la dépression et la maniaco-dépression sont dues à l'interaction de nombreux facteurs, dont certains sont d'ordre neurobiologique, d'autres d'ordre psychologique ou social, d'autres encore d'ordre héréditaire. Dans certains cas, ils sont imputables à l'excès de stress vécu par un individu, à son environnement, aux saisons, à l'absence de soleil; dans d'autres cas, il peut s'agir d'une transmission génétique; dans d'autres cas encore, ils peuvent être la conséquence d'un traumatisme non cicatrisé ou plus simplement le résultat d'une personnalité très vulnérable aux agressions extérieures de tous genres que subissent tous les êtres humains.

Aujourd'hui, ces maladies sont traitées cliniquement, soit par une ordonnance de lithium, dans le cas de la maniaco-dépression, soit par une ordonnance d'antidépresseurs (Prozac et compagnie) dans le cas de la dépression. Ces médicaments ont comme principale propriété la stabilisation de l'humeur.

Généralement, une carence en lithium implique que l'individu aura à prendre ses comprimés de sel minéral jusqu'à la fin de ses jours, alors que les antidépresseurs sont souvent combinés à une psychothérapie qui a pour but de trouver la ou les causes de cet état et d'y apporter les correctifs. Dès que la cause de la dépression est décelée, l'individu doit travailler sur lui-même, découvrir ce qui ne va pas et faire les changements qui s'imposent. Idéalement, les antidépresseurs ne devraient pas être pris pour une période de plus de quelques mois, car bien qu'ils stabilisent l'humeur, ils ne corrigent pas la situation. En d'autres mots, ils ne règlent pas le problème, mais ne font que rétablir le désordre biochimique, pour que la personne ait l'énergie nécessaire à résoudre ses problèmes et à faire les choix qui s'imposent.

Une bonne gestion des émotions peut faire des «miracles». Ce livre a justement pour but de vous aider à en faire une «gérance» adéquate.

4
Les manifestations du mal-être

QUAND? COMMENT?

Les manifestations du mal-être sont innombrables. Quelque chose exige d'être changé, restauré, transformé dans votre vie...

– quand, en vous éveillant le matin, la première impression ressentie en est une de grande tristesse, d'oppression, de poids ou de nœud dans la poitrine;

– quand vous avez envie de pleurer à tout propos, pour un oui, pour un non, en fait pour des raisons qui, en temps normal, vous sembleraient absurdes et non fondées;

– quand vous avez le sentiment d'être seul, rejeté, abandonné, exclu;

– quand la vie vous semble tellement compliquée que vous êtes certain de ne jamais être capable de vous libérer de vos problèmes;

– quand vos jours sont si sombres et vos nuits si solitaires que vous êtes convaincu que vous ne verrez jamais la lumière au bout de votre long tunnel;

– quand, sans véritable cause, vous sentez sourdre en vous de la colère, de l'agressivité, de la rage;

– quand vous vous dites que vous seriez bien mieux mort, que vous êtes inutile, que vous ne manqueriez à personne puisque personne ne semble avoir besoin de vous;

– quand le manque d'affection, d'amour ou de relations sexuelles vous obsède à tel point que vous avez du mal à exécuter vos tâches quotidiennes;

– quand vous en arrivez à souhaiter, régulièrement, être dans la peau de quelqu'un d'autre;

– quand vos préoccupations et vos problèmes vous paraissent si nombreux, si grands et si insurmontables qu'ils vous empêchent même d'apprécier ne serait-ce qu'un merveilleux coucher de soleil;

– quand vous avez peur: peur de ne pas «arriver» financièrement, peur de ne plus jamais plaire, peur de rester seul jusqu'à la fin de vos jours, peur d'un conjoint ou d'un ex-conjoint violent, etc.;

– quand le bilan de votre vie vous semble être une monumentale faillite;

– quand vous ressentez perpétuellement un sentiment de culpabilité, des remords d'avoir fait ou dit
quelque chose, du regret de n'avoir pas fait ou dit
quelque chose;

– quand vous avez honte: de vous, de votre demeure, de votre apparence physique, de vos désirs, de
vos pensées, de vos fantasmes, de votre travail, de
votre famille, etc.;

– quand vous n'avez plus aucune envie de vous
raser, de vous maquiller, de vous laver, de vous alimenter, de travailler, de voir du monde, de vous occuper de votre maison;

– quand la poussière qui roule sur vos planchers
vous laisse complètement indifférent;

– quand vous vous sentez coupable de vous faire
plaisir, que ce soit par un petit cadeau, une sortie au
cinéma ou dans un bar, un repas au restaurant, une visite au musée ou à des amis, etc.;

– quand vous vous critiquez constamment, que
vous n'êtes jamais satisfait de ce que vous faites, que
vous exigez de vous la perfection, l'absolu;

– quand vous faites une montagne du plus petit incident et que celui-ci vous plonge, invariablement,
dans un pessimisme disproportionné;

– quand vous avez le sentiment persistant d'avoir
perdu le contrôle de votre vie et des événements qui
s'y produisent.

– quand vous mettez constamment en doute vos capacités, vos aptitudes, vos talents;

– quand votre passe-temps favori semble être de vous dénigrer et de vous noircir à souhait.

Et il y en a bien d'autres...

Et tous ces symptômes, qu'ils soient vécus de façon permanente ou sporadique, qu'ils fassent partie intégrante de votre vie ou qu'ils ne s'y faufilent qu'à l'occasion, exigent de vous une attention constante et soutenue, pour être balayés, éliminés, chassés.

Vous trouverez, au fil des pages de ce livre, des trucs, des conseils pratiques, des indications, des re-commandations, des suggestions, des pistes à suivre pour atteindre le bonheur, le bien-être, la paix du corps et de l'esprit, bref, pour atteindre cet équilibre qui rend la vie si belle.

5

Se prendre en main

LE PAS À PAS D'UNE LIBÉRATION

Arriver à contrôler ses émotions en vivant avec une conscience éveillée, vive et alerte est un art. C'est une manière de penser et d'agir tout à fait différente de tout ce qu'on a appris jusqu'à ce jour.

Vous avez l'impérieux désir de retrouver toute votre confiance en vous, d'orienter vous-même votre vie, d'être capable d'affronter les dangers et les périls de la vie quotidienne avec calme et sérénité? Alors vous devez être prêt aussi à vous investir à fond dans cette aventure. Car devenir hyperconscient de soi EST une aventure. L'aventure de toute une vie. Une aventure de tous les jours et, qui plus est, une aventure qui ne comporte pas que des sentiers faciles et plats.

Mais soyez rassuré! Vos efforts seront largement récompensés. Dès que vous aurez commencé à mettre en pratique certaines des recommandations de ce livre, vous ferez partie de ces gens qu'on regarde avec admiration et dont on envie le regard clair et serein, la démarche et les gestes dégagés, légers, libres, le sourire facile et le rire franc.

ACCEPTER LE FAIT QU'IL Y A UN PROBLÈME

Le premier pas à faire pour corriger une situation problématique, c'est d'abord d'accepter le fait qu'il y a un problème. Trop de gens préfèrent se fermer les yeux en disant que «tout va bien», que «c'est bien normal que tout ne soit pas toujours parfait» et que, de toutes façons, «y en n'a pas d'problème!». Cette attitude qui consiste à faire l'autruche, à se cacher la tête dans le sable pour ne pas voir ce qui est boiteux, n'a jamais permis la résolution des conflits.

Généralement, la situation problématique continue d'empirer jusqu'à ce que quelque part, pour quelqu'un, la digue se brise et cause des ravages abominables. Car un état dépressif, triste, neurasthénique et angoissé entraîne, presque sans coup férir, un état maladif plus ou moins grave.

Les ravages causés par des problèmes qu'on refuse de voir peuvent être de nature matérielle, financière, affective, familiale, spirituelle ou professionnelle. Ils peuvent affecter la santé physique ou mentale. Pourquoi attendre d'en être rendu là?

TROUVER LA CAUSE

Vous «filez» mal? Vous vous sentez abattu, déprimé, fatigué? Vous n'avez plus envie de rire, de sortir de chez vous, d'aller travailler, de rencontrer des amis? Et, bien sûr, vous ne savez pas trop pourquoi! C'est comme ça, c'est tout, et vous vous dites que «ça va passer», que «ça va s'arranger»! Eh bien, non! ça ne s'arrangera pas tout seul.

Tout d'abord, il faut analyser les symptômes, essayer de trouver en soi l'origine du malaise, de l'abattement, la pensée ou l'émotion négative qui affecte l'organisme. Il faut trouver LA cause.

Bien sûr, quand on est pris dans un engrenage que j'appelle la «cascade des malheurs», il nous semble que les causes sont bien nombreuses. Mais, généralement, cette cascade trouve sa source dans un événement majeur qui, par effet d'entraînement, a engendré d'autres problèmes.

Edgar Cayce, le célèbre médium américain, disait: «La plupart de nos maux physiques ont une origine mentale et proviennent d'une frustration émotionnelle, de ressentiments accumulés ou d'angoisses.» Oui, les pensées profondes et les émotions sont des facteurs déterminants d'une bonne santé, et vice-versa, la bonne santé est indissociablement liée à une bonne façon de penser.

Trouver la cause est la première victoire, car dès le moment où l'on connaît l'«ennemi» que l'on doit combattre, il devient plus facile de s'armer en conséquence. Au fil des pages de ce livre, vous trouverez différentes causes possibles à votre état de mal-être et, bien sûr, des trucs et des conseils pour arriver à les vaincre, envers et contre tout.

Car trouver la cause n'est pas une fin, c'est un début. Ensuite, il faut AGIR.

FAIRE LES PAS NÉCESSAIRES

Tous ceux qui désirent s'engager pour effectuer quelques réparations et changements, pour se débarrasser de ces états affectifs qui se répercutent sur leur organisme, doivent d'abord être totalement sincères avec eux-mêmes. Il faut chercher en soi le courage, la force, la foi et l'énergie nécessaires pour faire face aux changements qui s'imposent. Chaque problème comporte en lui-même sa solution. Mais il n'y a pas de miracle. Les choses n'arriveront pas si on ne les provoque pas. Il faut s'impliquer, s'aider soi-même, s'investir.

Il faut avoir le courage de rompre avec nos petites habitudes, notre douce, ennuyeuse mais combien sécurisante routine. Il faut jeter au panier les vieux principes, les concepts désuets, les préjugés, les idées préconçues. Il faut faire place nette dans notre esprit pour recevoir des idées nouvelles, différentes des idées cartésiennes, logiques et soi-disant raisonnables, généralement reçues jusqu'à présent.

Il faut avoir le courage de se débarrasser de ce que l'on sait être des limitations à notre évolution (relation amoureuse insatisfaisante ou frustrante, travail dévalorisant, chez-soi déprimant, solitude assassine, etc.). S'en débarrasser et en faire le deuil une fois pour toutes même si, quelquefois, cela est extrêmement pénible, voire torturant.

Car faire volontairement le deuil de quelque chose qui, au fond, représente quand même un bien-être apparent, un semblant de sécurité affective ou financière, pour se jeter dans l'inconnu, provoque indubitablement des souffrances et de la résistance de soi vis-à-vis de soi.

Au début de votre cheminement, vous aurez sans doute la détestable impression d'avancer en aveugle, les mains tendues, le pas hésitant. Mais, au fur et à mesure que vous progresserez, vous prendrez conscience du caractère passager des ténèbres. Vous verrez s'évaporer, peu à peu, la nuit qui fera place à la lumière. Vous aurez l'ineffable plaisir de renouer avec vous-même, de vous redécouvrir et de redécouvrir en vous des trésors que vous aviez laissés s'endormir. Vous vous rendrez peut-être compte que, depuis quelques années, vous êtes devenu un fac-similé de vous-même; un «soi» sans son essence, sans son originalité, sans son authenticité. Vous découvrirez peut-être combien vous avez été infidèle à vous-même au nom d'obligations imposées par la vie quotidienne ou d'une relation amoureuse pour laquelle vous avez renoncé à être vous-même pour plaire à l'autre!

Vous devez trouver le courage de vous auto-analyser avec sincérité, de vivre éveillé et conscient, et non pas oisif et soumis aux aléas de la vie. Vous devez avoir le courage de prendre les moyens nécessaires pour changer les choses; le courage d'AGIR et de RÉAGIR de façon positive; le courage de mourir à cet état d'être dépendant, lourd, obtus et matérialiste et de renaître à un état libre, léger, réceptif, plus spirituel, le seul état qui puisse rendre l'homme réellement heureux, comblé et enfin maître et juge de lui-même.

LES SOLUTIONS

Une solution peut être efficace pour une personne et ne pas l'être pour une autre. Il s'agit de trouver celle qui vous convient, qui s'accorde à votre personnalité, à vos désirs, à vos besoins, à vos rêves.

Ce livre se veut un outil pour vous venir en aide dans vos périodes de vague à l'âme ou dans celles, plus importantes, de déprime et de dépression. Il traite de problèmes pouvant survenir dans tous les domaines de la vie (affectif, amoureux, sexuel, professionnel, social, spirituel) et offre des moyens pratico-pratiques d'y faire face.

Bien entendu, si, en certaines circonstances, vous êtes tout à fait incapable d'y parvenir seul, vous pouvez toujours demander de l'aide, soit à des amis, soit à un professionnel de la santé (psychologue, psychiatre, travailleur social), ou à un professionnel des médecines dites parallèles. Ces dernières offrent toute une panoplie de thérapies; vous n'aurez que l'embarras du choix. Vous trouverez d'ailleurs au chapitre 12 une courte description de quelques-unes de ces thérapies.

QUELQUES CAUSES DE MAL-ÊTRE

À moins de vivre en ermite, coupé de tout, il est quasiment impossible, de nos jours, de se soustraire à tous les stress qui sont, somme toute, inhérents à la vie quotidienne.

Dans notre société moderne, il existe des dizaines et des dizaines de facteurs qui contribuent à augmenter, chez l'être humain, le stress et la tension et, conséquemment, les fluctuations d'humeur qu'on a parfois du mal à s'expliquer soi-même. Pourquoi, un beau matin, sans raison apparente, se réveille-t-on le moral à terre, déprimé, avec au cœur un détestable vague à l'âme?

Facile à comprendre! Que l'on pense seulement à toutes les contraintes familiales, professionnelles ou sociales qui nous incombent; aux courses chez le médecin, le dentiste, l'épicier; aux heures de pointe dans la circulation dense, dans le métro ou l'autobus; aux comptes à payer, plus douloureux souvent qu'une plaie ouverte; à la sonnerie stridente du téléphone; aux inquiétudes causées par l'éducation, le bien-être et le bonheur des enfants.

Faute de pouvoir se soustraire complètement au stress, il faut apprendre à le gérer de notre mieux, à s'adapter aux pressions et à réagir de la façon la plus positive possible à toutes les attaques et agressions extérieures.

Le stress quotidien, quand il est mal assumé, provoque dans l'organisme, tant au niveau des nerfs et des muscles qu'au niveau des chakras, des nœuds qui entraînent des perturbations physiques et psychiques de tous genres. Quelquefois, pour défaire ces nœuds, l'assistance d'un professionnel de la santé est nécessaire, mais l'entretien régulier de la machine humaine suffit bien souvent à assurer l'harmonie et la libre circulation du flux énergétique.

Voici une liste des causes les plus fréquemment observées par les spécialistes, dans un ordre décroissant en rapport avec leur facteur de risque et qui sont susceptibles de provoquer, à plus ou moins long terme, un malaise ou une maladie:

- décès du conjoint;

- divorce;

- décès d'un ami ou d'un membre de la famille;

- maladie ou accident;

- mariage;

- perte d'emploi;

– mise à la retraite;

– grossesse;

– changement de travail;

– saisie, faillite ou problèmes juridiques;

– difficultés professionnelles;

– déménagement.

Il y a bien d'autres causes, c'est sûr. En fait, tous les bouleversements de la vie comme la naissance d'un enfant, le départ d'un conjoint, un changement d'horaire, une mise à pied, l'attente d'un diagnostic médical, trop ou pas assez de travail, toutes les responsabilités familiales, tous les problèmes financiers, bref, tous les changements brusques ou profonds ou toutes les perturbations de la routine, sont des facteurs qui risquent d'augmenter votre degré de stress et de provoquer, dans votre organisme, des désordres importants.

En outre, il ne faut pas oublier que si les agents du stress sont très nombreux, ils varient, bien sûr, d'un individu à l'autre. Le même événement peut avoir un impact différent selon la perception de chacun.

Voici, en bref et en vrac, d'autres causes de perturbations de l'humeur. Ce sont des circonstances et des événements de la vie susceptibles de vous faire subir une baisse de moral (plus ou moins grande) ou une suite ininterrompue de hauts et de bas:

– se sentir toujours forcé de refouler ses désirs;

– accomplir un travail peu valorisant ou un travail qu'on n'aime pas beaucoup, voire qu'on déteste carrément;

– ne travailler qu'en fonction (et que dans l'attente) du prochain week-end ou des prochaines vacances sans jamais trouver, dans l'accomplissement de ses tâches, quelque satisfaction que ce soit;

– ruminer sans cesse le passé plutôt que de tourner son regard vers l'avenir;

– subir, par paresse, par indifférence ou par peur du changement, le *statu quo* d'une situation déplaisante, dérangeante;

– rire insuffisamment;

– être sexuellement frustré ou souffrir d'un grand vide affectif;

– répéter toujours des phrases du genre «Je suis fatigué», «Je suis écœuré», «J'en ai marre», etc.;

– avoir toujours du mal à joindre les deux bouts.

Sans doute pourriez-vous facilement rajouter de nombreux énoncés à cette liste. En fait, elle est probablement infinie. L'essentiel n'est pas de noircir des pages, mais plutôt de comprendre que les sources d'abattement sont très nombreuses et qu'elles peuvent provenir de l'extérieur de soi comme de l'intérieur. Mais consolez-vous! Car les sources de plaisir sont encore plus nombreuses. Le problème majeur d'un individu prisonnier d'une situation qui lui cause de l'inquiétude, de l'angoisse ou qui le déprime, c'est qu'il ne possède plus l'objectivité ni le recul nécessaires pour voir les solutions.

Le but essentiel de ce livre est de vous en fournir à profusion de sorte que, en période sombre, vous n'aurez qu'à ouvrir ses pages ou à feuilleter le chapitre des solutions possibles afin de trouver celle qui convient à votre problème, à vos envies du moment, à vos disponibilités (de temps et d'argent), à votre personnalité, à vos goûts.

Vous n'aurez plus de raison de subir la morosité sous prétexte que vous n'avez pas pensé appeler un vieil ami, fait un tour de bicyclette, commencé ce tricot pour votre neveu, confectionné une carte d'anniversaire pour votre mère ou ouvert ce livre qui traîne depuis belle lurette sur votre table de chevet.

6

Des méthodes et des trucs d'autoguérison

D'HIER À AUJOURD'HUI

Bien que la remise en forme d'un individu puisse se faire de nombreuses et différentes façons (entre autres par la prière, l'imposition des mains, le rire, la foi, l'exorcisme, l'hypnose, les innombrables thérapies, le pouvoir des pyramides, la régression dans les vies antérieures, etc.), rien ne vaut cependant un entretien attentif et soutenu ainsi qu'une gestion constante et non différée dans le temps des émotions vécues.

La conception traditionnelle selon laquelle tous les malaises et toutes les maladies sont seulement des inconforts physiques qu'il faut à tout prix faire disparaître à grand renfort d'ordonnances de médicaments strictement chimiques, est en train de disparaître, lentement mais sûrement. En effet, parmi tous ce gens qui détiennent un certain pouvoir sur la santé de l'humanité, ils sont de plus en plus à prendre conscience de l'importance CAPITALE des facteurs émotionnels et de leurs indéniables impacts sur l'état de santé des individus.

Aujourd'hui, grâce à l'essor de la médecine holistique (c'est-à-dire globale), la plupart des gens ne se contentent plus seulement d'avaler des comprimés sans rien dire. Les «patients» sont de plus en plus nombreux à s'interroger sur les causes profondes de leur mauvais état de santé, physique et psychique.

Hélas! certaines personnes doutent et hésitent encore. Paresse? Manque de confiance? Indifférence? Peur du changement? Elles préfèrent avaler un comprimé de somnifère plutôt que de chercher les causes de leur insomnie; elles préfèrent bouffer des anti-inflammatoires (inefficaces, la plupart du temps) en quantité industrielle plutôt que de chercher à connaître les causes intimes et véritables qui rendent leurs articulations si douloureuses.

Pourtant, il est clairement établi qu'il y a une corrélation entre certaines émotions négatives et des maladies liées à des organes particuliers du corps humain. Ces organes refléteraient l'état émotionnel négatif des individus en s'exprimant par l'intermédiaire d'une maladie.

Ainsi, les personnes ayant des problèmes de santé au niveau du foie dissimuleraient, en elles, de la colère, de l'agressivité, de la rage et qui sait, peut-être aussi de la violence. Celles qui éprouvent des malaises à la rate et au pancréas seraient en proie à mille et une préoccupations, à mille et une inquiétudes, à mille et un tourments auxquels elles ne sont plus en mesure, mentalement, de faire face.

Les poumons, témoins silencieux de l'incommensurable tristesse d'un individu, tenteraient, par le biais de l'asthme, de l'emphysème et des maladies respiratoires diverses, de faire comprendre au «patient» qu'une émotion négative est en train de le détruire. Toutes les maladies se «jetant» sur les reins seraient l'indéniable reflet d'un sentiment de peur, de crainte, de doute, d'angoisse, de frayeur, de panique.

Les maladies du cœur, quant à elles, seraient, à l'instar des caractéristiques «humaines» et non pas médicales généralement attribuées à cet organe, l'expression d'un important manque de tendresse, d'affection mais surtout la manifestation d'une incapacité à exprimer de l'amour, en plus d'être le reflet d'une existence tout à fait dénuée de plaisir.

Autrefois, il y a bien longtemps, chez de nombreux peuples dits primitifs, les sorciers et les guérisseurs de tous genres savaient instinctivement relier les malaises et les maladies dont souffraient les membres du clan aux sentiments et aux émotions que ceux-ci cultivaient. Malheureusement, cet instinct s'est dilué au fil des siècles, pour finalement être complètement supprimé du décor. Oui, l'instinct de l'homme a été balayé du revers de la main, geste accompagné d'un rictus condescendant et méprisant, dès que la science, la religion et la médecine sont devenues des disciplines tout à fait distinctes, dotées chacune de lettres de noblesse.

Désormais, seuls les faits scientifiquement établis, vérifiés et prouvés obtiendraient la faveur des soignants.

Finies les hypothèses «loufoques». Le médecin soigne-rait dorénavant l'asthme en prescrivant des remèdes découverts à l'aide de rats de laboratoire, fantômes blancs et aseptisés, et orienterait ses patients souffrant de déprime chronique, d'abattement ou de neurasthé-nie, vers ses confrères psychologues, psychiatres ou psychanalystes aptes à appliquer les traitements à la mode. Si un jour l'asthmatique, au bout non seulement de son souffle mais également de son rouleau, triste à en mourir, triste jusqu'aux tréfonds de son être, en ve-nait à se donner la mort, on ferait venir le prêtre pour lui donner les derniers sacrements et on fermerait le dossier en même temps qu'on poserait la pierre tom-bale.

Malheureusement, encore aujourd'hui, malgré l'avè-nement des médecines parallèles, malgré l'ouverture de plus en plus grande des scientifiques, des méde-cins, des thérapeutes et des «psy», malgré la relative-ment nouvelle, mais combien bénéfique, accointance de tous ces spécialistes de la santé (physique et men-tale) qui ont finalement compris que le corps et l'esprit sont indissociables et doivent être envisagés et soi-gnés dans une optique holistique, malgré tout cela, des dizaines de milliers de personnes souffrent enco-re (parfois même jusqu'à la mort) de maladies car-diaques parce que cet organe, soi-disant strictement musculaire, ne reçoit pas sa dose quotidienne et vitale d'amour et de tendresse... Bien des personnes n'arri-vent à respirer adéquatement qu'à grands renforts de Ventolin parce que personne ne leur a dit que cette im-mense tristesse, qu'elles dissimulent au plus profond de leur être, est en grande partie responsable de leurs difficultés respiratoires.

SOYEZ VOTRE THÉRAPEUTE!

De nos jours, de nombreuses pratiques thérapeutiques dites parallèles cohabitent avec la médecine tradition-nelle. Ces pratiques sont destinées à vous rendre la vie plus douce et plus agréable. Cependant, avant de ten-ter quoi que ce soit, avant de consulter un thérapeute ou d'entreprendre vous-même de façon autodidacte un grand ménage en règle de votre vie, assurez-vous de répondre aux conditions suivantes. Car ces condi-tions sont communes à toutes les formes de thérapies et de pratiques de remise en forme et elles facilitent, pour celui ou celle qui les a assimilées, le processus de guérison, la disparition de ses malaises et le retour à la santé. Ces conditions sont:

- la participation active;

- une attitude positive;

- la foi;

- la régularité et la persévérance.

Voyons-les plus en détail.

La participation active

Toutes les méthodes holistiques, naturelles, mettant à contribution tant l'aspect physique que psychique d'une personne, toutes les méthodes visant la recon-quête de la santé, exigent de l'individu qu'il s'engage activement dans le processus de «guérison», de réta-blissement de son équilibre. En aucun cas, il ne peut s'en remettre exclusivement, et de façon passive, au pouvoir des pierres, des couleurs, des aiguilles, de la musique ni même du subconscient, car toutes ces mé-thodes de guérison ne sont véritablement efficaces que lorsqu'il y a symbiose entre le corps et l'esprit et nécessitent du «patient» une étroite collaboration.

En sa qualité de propriétaire unique de son véhicule physique, l'homme doit assumer ses responsabilités, revendiquer ses droits, redécouvrir sa puissance et démontrer ses aptitudes, car le pouvoir de guérir est (et a toujours été) en chacun de nous. Le corps et l'esprit SAVENT, inconsciemment, ce qui est le mieux pour eux. Ils sont dotés d'une énergie incommensurable et divine qui leur permet de s'autoguérir de n'importe quel malaise ou de n'importe quelle maladie.

En fait, la maladie, c'est la mauvaise utilisation du dynamisme vital. À l'opposé, la santé, c'est le retour au fonctionnement normal. Tout retour à la santé implique donc une participation dynamique et active, et non pas un état de soumission ou de résignation.

En bref, aucune amélioration de l'état d'un individu ne saurait être durable sans une participation active, réelle, sincère et effective de celui-ci à sa propre guérison. Car si l'homme possède, tout au fond de lui, la capacité et le pouvoir d'agir et d'intervenir sur son état psychobiologique, encore faut-il que cette capacité soit *dynamisée* par l'action ainsi que par une attitude décidée et positive.

Une attitude positive

Chacun sait qu'une attitude positive et constructive est essentielle au succès de toute entreprise. Rien n'arrive jamais sans que, tout d'abord, on y ait cru vraiment, consciemment ou non. Avant une compétition sportive, bien sûr, l'athlète se prépare physiquement en s'entraînant de façon régulière. Mais en plus, il se prépare mentalement en visualisant le match ou l'épreuve à venir. Il imagine les passes, les déplacements, les manœuvres, l'évolution du jeu ou de la course; il en imagine aussi la progression; il s'y voit, plein de passion et d'ardeur, avoir des initiatives heureuses et il entend les cris, les acclamations et les applaudissements de la foule. Il est vainqueur. Voilà ce qu'est une attitude positive.

De la même manière, si vous soumettez votre curriculum vitæ à une entreprise dans le but d'obtenir un poste que vous convoitez et que vous le faites en vous disant que vous avez bien peu de chances que votre candidature soit retenue, que d'autres personnes, plus jeunes et plus instruites que vous, ont davantage de possibilités d'être convoquées, que vous n'avez pas véritablement le profil de l'emploi, que... que... que... eh bien, assurément, vous n'obtiendrez pas l'emploi. Car votre attitude négative sera perçue et votre nom sera retiré de la liste des candidats potentiels.

Tout est une question d'attitude.

La foi

Certaines personnes puisent en elles la force nécessaire pour faire face à tous les événements de la vie; d'autres croient en la prière, d'autres encore dans la visualisation ou dans l'intercession de forces paranormales, d'entités désincarnées ou d'anges gardiens. Peu importe où vous puisez les ressources dont vous avez besoin pour affronter la vie et ses aléas, l'important c'est d'y croire. Car sans cette croyance intense, rien n'est véritablement possible.

Aucune action des mains, des pierres, des couleurs, de la volonté ou de la visualisation ne pourra être efficace sans la certitude absolue de réussir. Que cette certitude se situe sur le plan psychosomatique (sans aucune intervention de la conscience), qu'elle soit l'expression du désir profond de changer et de corriger des choses ou qu'elle relève de l'autosuggestion, cela n'a pas d'importance. L'important, c'est l'énergie que dégage cette certitude, car pour qu'une entreprise, un projet, une action réussisse, il faut être persuadé de son succès. Et la règle est la même pour tous les *challenges*, qu'il s'agisse d'une épreuve sportive, d'une bataille intellectuelle ou d'une lutte contre la déprime. Il faut être convaincu qu'on va remporter la victoire, qu'on va gagner, car rien ne se passe jamais sans une intense croyance, sans une intense conviction dans ce qu'on fait. Si, avant même d'entamer un processus de guérison, vous mettez en doute l'efficacité de ce processus ou la compétence du guérisseur (qu'il s'agisse de vous ou de quelqu'un d'autre), alors n'attendez aucun résultat positif car dans cet état d'esprit, le seul résultat possible est l'échec.

La régularité et la persévérance
Surtout, ne vous lancez pas, avec l'énergie du désespoir, dans la pratique de plusieurs techniques thérapeutiques à la fois. Choisissez-en une (qu'il s'agisse d'une thérapie ou tout simplement d'un moyen quelconque que vous avez décidé de prendre pour commencer à devenir maître de votre destinée) et pratiquez-la avec régularité. Edgar Cayce, le célèbre médium, disait souvent aux gens malades qui le consultaient de pratiquer la même activité au même moment de la journée, et ce, jour après jour, semaine après semaine, car le corps se révolte si on commence quelque chose qu'on interrompt par la suite.

Voici quelques exemples. Vous avez décidé de vous offrir une heure de lecture chaque jour, de vous louer un film drôle tous les samedis, de prendre une marche en solitaire trois fois par semaine, etc. Après avoir soigneusement étudié les occasions qui s'offrent à vous, choisissez celle qui vous convient, puis pratiquez cette «technique de rétablissement ou d'apaisement» régulièrement et le plus possible à des heures précises, déterminées à l'avance.

Surtout, poursuivez votre objectif jusqu'au bout.

LE SUBCONSCIENT

Avant d'aborder les méthodes d'autoguérison du mal-être, vous devez absolument comprendre comment fonctionne votre subconscient.

Vous êtes-vous déjà arrêté à penser au rôle important, au rôle majeur que joue votre subconscient dans votre vie?

Le subconscient recèle, dans son énigmatique espace, la somme de TOUS nos conditionnements. Que ces conditionnements nous aient été imposés dans l'enfance ou que nous les ayons établis nous-mêmes, dès qu'ils sont agréés par le subconscient, ils deviennent partie intégrante de notre personnalité et gouvernent notre quotidien.

Le subconscient est semblable à un ordinateur. En lui sont stockés une foule d'instructions, d'ordres et de consignes. Pour changer ou pour modifier ces directives, il est nécessaire d'aller à la source et de reprogrammer l'«appareil», ordinateur ou subconscient.

Le subconscient est en alerte 24 heures par jour. Il est le fidèle exécutant de vos ordres; il est le siège de vos habitudes, la résidence de vos émotions, les archives de votre mémoire, l'entrepôt de toutes vos connaissances.

Il ne suffit pas de dire «Je veux obtenir cet emploi», «Je veux dormir» ou «Je veux faire de l'argent» pour que ce commandement soit accompli. Car il faut que le subconscient accepte cette idée pour la mettre à exécution. Si derrière le «Je veux obtenir cet emploi», «Je veux dormir» ou «Je veux faire de l'argent» se cache un «Oui, mais...», le subconscient rejettera l'ordre puisqu'un ordre précédent et plus puissant lui dit «D'autres sont plus compétents que moi...» ou «Encore une nuit d'insomnie...» ou «J'suis né pour un p'tit pain».

Il faut reprogrammer à la source. Reconditionner des comportements qui ne nous conviennent plus en imprégnant le subconscient de nouvelles suggestions. Il faut arracher les vieux concepts et les vieilles directives, comme on le ferait de mauvaises herbes, et semer de nouveaux germes pour en faire les fruits les meilleurs.

L'INSOMNIE, L'ANGOISSE ET LA DÉPRIME

À chacun ses problèmes... Certaines personnes souffrent d'insomnie, d'autres d'anxiété chronique, d'autres encore de migraines ou de dépression. Et puis, il y a les tracas de tous genres, l'insécurité, les difficultés reliées aux relations amoureuses, professionnelles ou à l'éducation des enfants. Et puis... et puis ces problèmes d'argent qui sont comme autant d'écorchures et de morsures sur le quotidien.

Rien ne semble véritablement facile en ce bas monde. Et pourtant, il ne suffit que d'un peu de patience, de bonne volonté, du désir de changer et de beaucoup de persévérance pour réussir à reprogrammer et à reconditionner le subconscient.

Nous vous proposerons, au fil de ces pages, quelques exercices à faire pour rendre votre subconscient complice de votre future et remarquable réussite. C'est à vous de jouer... Personne ne peut le faire à votre place!

FAIRE SORTIR LE «MAUVAIS»

Il y a de bons et de mauvais sentiments. Il y a ceux qui nourrissent celui qui les entretient, et il y a ceux qui le détruisent. Il faut apprendre à cultiver les premiers et à chasser les seconds, car ces derniers minent le moral, sapent l'énergie et donnent naissance, comme nous l'avons vu précédemment, à toute une panoplie de problèmes divers, de malaises et de maladies.

Entre autres bons sentiments et bonnes attitudes, il y a, bien sûr, l'amour mais aussi l'empathie, la compassion, la joie, la générosité, le pardon, le désintéressement, l'oubli de soi, la grandeur d'âme. Parmi les mauvais, on trouve la colère lorsqu'elle n'est pas «contrôlée», la haine, le désir de vengeance, la rancune, l'apitoiement sur soi, le ressentiment. Les premiers procurent le bonheur, l'épanouissement, un beau teint, de l'énergie à revendre, de la sérénité et la longévité, alors que les seconds provoquent tous les malaises décrits au chapitre 3. N'oubliez jamais que la haine et le ressentiment tuent... celui qui les éprouve!

Comme nous l'avons vu, les émotions négatives sont en grande partie responsables de presque tous nos vagues à l'âme et nos malaises physiques. D'en prendre conscience est déjà un grand pas en avant. Il est essentiel de constater que, finalement, c'est l'esprit qui dirige le corps, et non pas l'inverse, comme nous avons généralement tendance à le penser. Et si nous avons si souvent cette fâcheuse tendance, c'est qu'il est beaucoup plus facile de rejeter la responsabilité de nos malheurs sur les autres ou sur les circonstances de la vie, que de se secouer, d'admettre nos torts, nos limites, nos carences et de faire face à l'adversité.

Cependant, si vous êtes parvenu à cette page, c'est que vous avez vraiment décidé d'en finir avec ce type de comportements. Et vous avez pris la meilleure décision qui soit car, outre le fait qu'il est mentalement malsain de faire toujours porter le blâme de nos problèmes par autrui, ce genre d'attitude ne règle jamais votre état d'abattement et de déprime. Et, au fond, l'important, ce n'est pas de trouver un ou des coupables, mais bien une ou des solutions et aussi, et surtout, de faire revenir un sourire heureux sur vos lèvres.

Dans les pages qui suivent, je vais vous entretenir de situations dans lesquelles chacun de nous se trouve, un jour ou l'autre, impliqué à titre d'acteur, sinon principal, tout au moins important. Ces situations désagréables, déplaisantes, embarrassantes, épineuses, incommodes, engendrent communément des émotions très vives et très corrosives et, par conséquent, des états de mal-être.

J'espère qu'à la fin de votre lecture vous aurez compris, enregistré, retenu, imprimé dans votre subconscient l'idée principale qui est la suivante: *l'essentiel n'est pas de guérir un état de mal-être mais bien de l'empêcher de se manifester en sachant quand et comment réagir à une agression physique ou mentale, de*

*manière à éviter la naissance de ces réactions biolo-
giques, chimiques, physiques et psychiques qu'on appelle les émotions négatives.*

7
Vaincre ses sentiments et ses émotions

LA FATIGUE

Pour commencer, vous devez prendre conscience de votre immense lassitude et de votre «simple» état d'être humain. Vous avez en vous des forces et des faiblesses. Il faut utiliser les premières et non seulement accepter les secondes mais les avouer aux gens de votre entourage, principalement à ceux qui sont concernés par votre fatigue.

Nul n'est parfait en tout. Vous avez le droit et le devoir (envers vous-même) de dire «Je suis trop fatigué», «Je ne suis plus capable», «Je n'ai pas envie de...», «J'ai besoin de me reposer», «J'ai besoin d'être un peu seul», etc. Il n'y a aucune honte à cela et vous serez étonné de voir qu'autour de vous, ceux qui vous aiment et pour qui vous comptez, comprendront et accepteront votre attitude.

Le principal problème des gens souffrant de fatigue mentale chronique est que, d'une part, ils ont beaucoup de difficultés à dire non et que, d'autre part, ils font toujours passer leurs besoins après ceux des autres. Ce qui les épuise, c'est leur sens (trop aigu) du devoir. Ils sont généralement convaincus qu'ils ont le devoir de consacrer leur vie aux autres, qu'il s'agisse des parents, du conjoint, des enfants ou des amis.

Pensez à toutes ces petites décisions quotidiennes que vous prenez uniquement en fonction des autres, étouffant vos désirs propres. Par exemple, vous acceptez de ne pas voir ce film que vous attendiez depuis deux semaines parce que votre fils veut écouter une autre chaîne; malgré votre envie de manger un pâté mexicain, vous cuisinez des hamburgers, car tel est le souhait des membres de votre famille; vous achetez la petite robe noire que votre mari trouve *sexy* plutôt que la bleue plus ample et plus confortable que vous auriez préférée; vous acceptez de suivre votre femme dans un *party* plutôt que de passer la soirée à vous relaxer comme vous l'aviez d'abord prévu.

Voilà où le bât blesse! Au service des autres, encore et toujours... Pourquoi ne pas commencer dès maintenant à vous faire plaisir à VOUS (au moins de temps en temps), sans vous soucier de l'opinion et des frustrations des autres. En prenant un peu de temps, chaque jour, pour vous, pour faire ce que VOUS avez envie de faire, vous verrez se dissiper une partie de votre fatigue.

Pour vaincre la fatigue mentale, il faut vaincre le doute, la peur, la résistance d'autrui, le sens du devoir, la course à la performance, l'(hyper)émotivité, etc., tous des sujets sur lesquels je vous entretiens dans les pages suivantes.

Parallèlement, il faut prendre le temps (peu importe ce qu'il en coûte) de vous reposer, de surveiller votre alimentation, de bannir les excitants, ou tout au moins en diminuer la consommation. En outre, la pratique régulière, assidue, des techniques de relaxation, de méditation et de visualisation (voir le chapitre 11) est tout à fait judicieuse et fortement recommandée dans le cas de la fatigue mentale chronique.

LA PEUR

La peur est un sentiment très déplaisant et désagréable qui peut prendre de nombreux visages. Il y a la peur de l'échec, la peur de faire rire de soi si on fait telle ou telle action; la peur de se tromper, d'être abandonné, de souffrir; la peur du changement, de l'inconnu; la peur de perdre, d'être dépossédé, de recommencer à zéro; la peur de ses propres réactions, la peur des autres...

En fait, la peur est un mélange de doute, de manque de confiance en soi et d'incertitude. La peur peut devenir obsessionnelle, si elle n'est pas calmée. Elle fait vivre l'individu dans un état précaire de déséquilibre entre ses désirs, son courage et la réalité.

La plupart des gens s'efforcent de cacher leur peur. Ils la masquent, la dissimulent, l'étouffent ou passent outre en feignant de l'ignorer. Toutes ces attitudes sont erronées. Il ne faut pas camoufler la peur ni faire «comme si» elle n'existait pas. Au contraire, il faut l'extraire de soi, la libérer, en prendre conscience, l'identifier et la domestiquer. Car la peur est une force sauvage qu'il faut amadouer et apprivoiser pour être en mesure de cohabiter avec elle avec sérénité.

La peur est une arme à deux tranchants. Si vous la laissez dominer votre existence, elle vous blessera et vous bloquera toutes les issues. Mais si vous l'identifiez et décidez de l'apprivoiser, alors elle sera pour vous l'arme de la réussite. Car la peur recèle en elle une force colossale, une énergie grandiose. Elle est le plus grand stimulant qui soit, elle décuple les forces et donne l'énergie nécessaire au dépassement de soi.

Comme le dit si bien Barbara J. Braham dans son livre *L'épanouissement personnel*: «Si vous n'éprouvez pas de peur avant de faire quelque chose, cela signifie que la tâche n'est pas assez grande pour vous.»

Si vous n'apprenez pas dès maintenant à apprivoiser cette peur, vous serez incapable d'évoluer, car l'évolution passe par la capacité d'aller au-delà de ses limites, de relever des défis, de braver l'inconnu. Ne laissez pas la peur vous emprisonner dans une existence terne et monotone sous prétexte qu'elle vous procure une certaine sécurité. Prenez des risques! Assumez vos désirs et vos besoins! Dépassez votre peur!

Pour commencer, accordez-lui une moins grande importance et plutôt que d'être effrayé et de laisser la peur vous commander et vous obstruer la vue, portez votre regard sur votre rêve, votre souhait, votre désir. Concentrez vos efforts et investissez votre énergie dans votre but, votre objectif, votre ambition. Ce faisant, vous aurez moins de disponibilité pour penser à votre peur. Vivez le moment présent. Sans penser aux erreurs du passé et sans tenter de faire des projections dans l'avenir. Car la peur est un sentiment qu'on éprouve et qu'on subit quand on vit dans le futur.

Portez toute votre attention sur les moyens à prendre et les gestes à faire, aujourd'hui, pour atteindre votre but et quand vous serez rendu au pont... vous le traverserez!

En outre, quand vous sentirez, dans le creux de votre poitrine, les tenailles de la peur (peur d'échouer, peur d'être jugé, peur de manquer de quoi que ce soit, peur de faire de l'insomnie, peur de la maladie, etc.), faites de l'autosuggestion en répétant 5, 10, 20, 100 fois par jour une formule positive destinée à reconditionner votre subconscient.

K. O. Schmidt, dans son livre *Un nouvel art de vivre,* suggère par ailleurs l'affirmation suivante: «Je suis sous la protection du Très Haut, rien ne peut m'arriver de mal.» Mais, bien entendu, toute affirmation positive, en accord avec vos croyances personnelles, fera tout aussi bien l'affaire.

Ce qui importe, c'est d'apprendre à contrôler, à «gérer» ces crises de peur, d'insécurité et d'anxiété qui nous tombent dessus, comme un aigle sur sa proie, et nous font nous effondrer, faibles et vulnérables.

Il faut discipliner notre subconscient, dominer nos pensées, les soumettre à notre volonté et les forcer à être positives. Il faut semer, planter, implanter dans notre subconscient, des suggestions positives.

Plus facile à dire qu'à faire, direz-vous! Et c'est vrai. Seulement, plus vous le ferez, plus cela vous semblera simple et naturel. C'est une question de conditionnement. Conditionnez-vous à être confiant dans la vie, et la vie vous sourira. Trop souvent, les gens ont «peur d'avoir peur» et laissent leur imaginaire vagabonder en bâtissant de toutes pièces les PIRES scénarios de ce qui POURRAIT arriver. Bâtissez plutôt les MEILLEURS scénarios de ce que vous DÉSIREZ qu'il arrive et il en sera ainsi!

À méditer

• À une petite chose, l'inquiétude donne une grande ombre. (suédois)

• Quand vient la nuit, la peur se tient à la porte et quand vient le jour, elle se tient sur les collines.

• Ne vous laissez pas submerger par la peur nocturne. Elle est toujours exagérée.

• À part les démons imaginaires, il n'en existe pas d'autres. (indien)

• Vos peurs viennent de vous et il n'en tient qu'à vous de les chasser.

LE DOUTE

L'abattement et la déprime proviennent souvent d'un sentiment d'incompétence et de manque de confiance en soi que ressentent les gens: «Je ne pourrai jamais faire ceci ou cela», «Je suis trop vieille», «Je ne suis pas assez scolarisé», «Je vais me ridiculiser», «Je n'y arriverai jamais», «Je suis beaucoup trop gêné pour m'y risquer», «Je vais mourir de honte», «Je vais m'effondrer sous l'effet du trac», etc.

Généralement, le doute quant à ses propres capacités découle de cette manie qu'on a tous, à des degrés divers, de se comparer aux autres. Le doute est une émotion paralysante qui freine tous les élans et tue dans l'œuf bon nombre de projets valables.

Pour commencer, prenez conscience de votre unicité. Oui, quoi que vous puissiez en penser, vous êtes unique. Vous êtes un amalgame de traits de caractère, de particularités physiques, de désirs, de goûts, d'aptitudes, de talents qui font votre essence et qui n'appartiennent qu'à vous. Vous avez des qualités et des défauts. Vous seul pouvez dire «je» en votre nom.

Sans vouloir tomber dans la métaphysique ou les questions existentielles, tous les grands penseurs de notre monde vous affirmeront que vous avez un rôle important à jouer sur terre. Cependant, ce rôle il VOUS appartient de le découvrir. Pour y arriver, il faut d'abord passer le cap de l'acceptation de soi. Accepter d'être venu au monde avec ce corps qui ne nous plaît pas toujours, avec cette personnalité, avec ces qualités que l'on est porté, trop souvent, à dénigrer, avec un potentiel de réalisation dont on ne perçoit que très rarement l'ampleur.

Car le véritable hic, en ce qui concerne le doute, c'est que la majorité des gens établissent des comparaisons entre eux et ceux qu'ils admirent ou dont ils envient la réussite. Et puis, ils multiplient les «Je ne suis pas assez... bon, beau, jeune, riche, bien fait, intelligent, compétent...».

Êtes-vous de ceux-là? Si oui, comment croyez-vous qu'il soit alors possible de réussir quoi que ce soit si vous partez convaincu à l'avance que vous ne serez pas à la hauteur. Vous vous programmez à l'échec. Pour combattre le doute, il faut remplacer les réflexions du genre de celles mentionnées ci-dessus par des affirmations positives comme «Je peux», «Je suis capable», «J'ai tout ce qu'il faut pour réussir».

Voici deux histoires vécues sur lesquelles vous êtes invité à méditer.

Dès son plus jeune âge, Colette rêvait de devenir mannequin. À huit ans déjà, elle paradait devant ses parents, imitant ses idoles. Malheureusement, à l'adolescence, elle dut se rendre à l'évidence: elle n'aurait jamais la légèreté, la grâce et ce petit côté délicat et fragile que possèdent les mannequins d'aujourd'hui. Si Colette était grande, elle n'avait pas, hélas, avec sa largeur d'épaule, son ossature et ses kilos en trop, l'aspect mince et svelte, essentiel pour prétendre être mannequin.

Déçue, amère, triste et tout à fait désolée de voir que la vie l'avait investie d'une passion qu'il lui était impossible d'assouvir, elle perdit rapidement l'envie d'étudier, de sortir, de s'amuser. De justesse, elle obtint son diplôme de secondaire 5 et se fit engager comme vendeuse dans un magasin de tissus.

Au début, elle subissait ses heures de travail comme on subit une visite chez le dentiste. «Faut bien gagner sa vie», se disait-elle. Mais, peu à peu, Colette s'intéressa aux tissus, aux couleurs et aux textures, aux patrons et à la couture. Elle se mit à coudre elle-même, puis dès qu'elle eut suffisamment d'expérience, elle dessina ses propres modèles, des vêtements dont elle rêvait et que les personnes de taille forte ne trouvent pas dans les boutiques. Des vêtements féminins, jolis, vaporeux.

Parallèlement à cette activité qui la ravissait, Colette devint LA personne-ressource la plus populaire du magasin où elle travaillait. Elle développa, peu à peu, certaines aptitudes qu'elle ne se connaissait pas. Après, disons une quinzaine de minutes de placotage avec une cliente, elle était en mesure de la conseiller sur les modèles de patrons à acheter, le tissu à utiliser pour mettre en valeur sa silhouette, les couleurs à choisir selon sa personnalité. Et les clientes, bien sûr, revenaient en quête de ses conseils avisés et de ses suggestions toujours très justes.

Par ailleurs, de part et d'autre, les compliments fusaient quant à l'élégance de ses vêtements, de ses créations. Colette aurait pu s'en tenir à cette «notoriété» mais, malgré sa peur et ses doutes, elle décida de faire encore un pas vers son rêve.

Elle avait remarqué (on le lui avait tellement dit) que les gens appréciaient son sourire, son entregent, sa gentillesse, sa disponibilité, son «œil sûr» et son jugement. Elle décida donc de tenter sa chance en lançant une agence de mannequins... de forte taille. Elle s'inscrivit à des cours de gestion, de perfectionnement féminin et de... mannequin, bravant les préjugés et les regards condescendants et remplis de pitié qu'on lui jetait.

Son salaire au magasin servait à payer ses dépenses. Comme on le lui avait judicieusement conseillé, elle n'abandonna pas le magasin, se contentant de réduire peu à peu ses journées de travail pour se consacrer à mi-temps au développement de sa propre affaire. Et un jour, Colette fut en mesure de se donner à temps plein à son entreprise qui réalisait, et même dépassait, tous ses rêves.

Colette a cru en elle. Elle a su braver (même si parfois elle a eu très mal) les préjugés, l'arrogance et les airs de supériorité des autres. Elle a écouté son cœur et sa petite voix intérieure qui lui disait: «Tu es capable», «Ne t'occupe pas de l'opinion des autres», «Suis l'itinéraire que tu t'es tracé», «Persévère et tu vas gagner», «Suis tes rêves et tes passions», «N'aie pas peur», etc.

Aujourd'hui, Colette est à la tête d'une agence de mannequins réputée et, en outre, elle travaille en étroite collaboration avec des designers de mode pour personnes de taille forte.

Malheureusement, l'histoire de Brigitte ne fut pas aussi heureuse que celle de Colette. Brigitte, 40 ans, mère de deux jeunes âgés de 15 et 17 ans, avait passé les 20 dernières années de sa vie à s'occuper de «ses hommes». Un jour, parce qu'elle commençait à s'ennuyer un peu et qu'elle en avait assez de rester toujours à la maison, elle eut envie de tenter sa chance sur le marché du travail. Brigitte était une artiste dans l'âme, une fée qui transformait tout ce qu'elle touchait en... œuvre d'art. Elle savait chanter, danser, écrire, peindre, dessiner. En outre, elle avait un talent inné pour la décoration intérieure, et c'est dans ce domaine, qui l'avait toujours passionnée, qu'elle voulait tenter de percer. En fait, elle ne désirait pas vraiment faire de l'argent (son mari gagnait très bien la croûte de toute la famille), mais plutôt assouvir sa passion.

Quand Brigitte fit part de son désir à son conjoint et à ses enfants, ils eurent de petits sourires condescendants, presque méprisants: «Mais ma pauvre chérie (ma pauvre maman), tu n'y penses pas! À ton âge! Le marché est saturé d'étudiants diplômés qui finissent tout juste leurs cours et en plus, les gens ont de moins en moins les moyens de se payer une décoratrice. C'est sûr, ce que tu fais, c'est beau et c'est bien, mais c'est... artisanal. Aujourd'hui, il faut que tu sois à la fine pointe de la technologie, que tu saches faire de la décoration informatisée. Tu vas faire rire de toi et blablabla et blablabla.»

Brigitte avait envie de leur crier qu'elle était tout à fait capable d'apprendre, d'étudier et de s'informatiser; que la décoration était sa passion, qu'elle avait besoin de s'exprimer, de créer; que le quotidien, maintenant que ses enfants avaient vieilli, ne la comblait plus mais... elle ne dit rien, habituée à se taire et à céder aux pressions extérieures. Elle ravala toutes ses objections et ne parla plus jamais de son rêve. Elle se mit même à croire qu'au fond, son mari et ses fils avaient tout à fait raison, qu'elle n'était pas assez bonne, ni assez jeune, ni assez artiste, etc.

À 42 ans, Brigitte fit sa première dépression nerveuse après avoir entièrement aménagé et décoré le premier trois-pièces de son fils aîné; elle en fit une seconde, trois ans plus tard, après avoir imaginé de toutes pièces un décor de rêve dans le premier appartement de son cadet.

Après ces intermèdes, où Brigitte avait laissé libre cours à sa passion et à son imagination, son intérêt pour la vie disparut. Son regard, jadis brillant et rieur, reflétait maintenant la tristesse et la souffrance. Elle mit fin à ses jours à l'âge de 49 ans en laissant derrière elle ces mots: «Pardonnez-moi, mais je ne suis plus capable de supporter cette vie triste et vide. Je considère que je suis un échec ambulant et je n'arrive pas à vaincre cette conviction. Je n'ai jamais réussi à faire quoi que ce soit de valable, alors je pense que vous ne mettrez pas longtemps à faire un trait sur mon souvenir. Je vous aime, je vous aimais, sincèrement... Brigitte... maman.»

Cette courte missive est une leçon de vie! Brigitte avait occulté ses propres besoins pour faire le bonheur de ses fils et de son mari. Ceux-ci avaient réussi à lui faire croire que si elle ne tenait pas compte de leurs conseils, elle allait au-devant d'un échec. Quand mari et enfants n'eurent plus besoin d'elle (de manière aussi importante que lorsque les enfants étaient petits), elle s'était sentie tout à fait inutile.

Si elle était allée à l'encontre de leurs objections, le jour où elle avait eu envie de se réaliser par la décoration, sa vie en aurait peut-être été complètement changée, mais elle avait cédé à la pression, au besoin d'être approuvée et au doute. Finalement, elle y avait laissé sa peau.

Ne faites pas comme Brigitte. Soyez le seul maître et juge de vos actes et de vos décisions. Cessez de vous laisser influencer et même guider par des opinions qui sont à l'opposé des vôtres. *Croyez en vous!*

Toutes ces aptitudes qui mènent à la réussite ne sont pas nécessairement naturelles. Il faut y croire suffisamment fort pour les développer. Voici ce qu'ont en commun les personnes qui arrivent à vaincre le doute:

– la conscience de leur unicité;

– la foi en leurs rêves et en leurs passions;

– la volonté de réussir;

– la confiance en soi et en leurs aptitudes;

– la persévérance même si, en cours de route, elles éprouvent des doutes affreux;

– la conviction qu'elles ont une tâche à accomplir et que nul n'a le droit de gaspiller ses talents;

– le courage de braver les sourires en coin, les regards méprisants, les préjugés;

– la ferme résolution de remplacer toutes les pensées négatives par des affirmations positives;

– la résolution de chasser la mauvaise opinion qu'elles ont parfois d'elles-mêmes après une malheureuse et stérile comparaison.

Cessez de répéter «Je ne suis pas assez...». Remplacez cette phrase par «Je peux si je veux». Partez à la découverte de vos talents. S'il est une chose que vous aimez particulièrement faire pendant vos loisirs, pratiquez-la avec assiduité et voyez si votre penchant pour cette activité résiste à la répétition. Si non, essayez autre chose. Si oui, approfondissez vos connaissances en la matière. Au besoin, retournez aux études. Tout s'apprend, il suffit de le vouloir. Le plus difficile, c'est de faire les premiers pas. Après, si vous avez trouvé votre filon, votre passion, tout coulera de source et vous serez surpris des occasions qui, comme par magie, s'offriront à vous.

Et puis, avant de hocher la tête de droite à gauche, au moins... essayez!

LA COLÈRE

La colère, on le sait, est bien mauvaise conseillère. Nul ne devrait jamais agir sous le coup de la colère, car elle affaiblit l'organisme en entier, tant sur le plan physique que psychique, ce qui nous rend vulnérables aux pires maladies. Même chose d'ailleurs pour la rancune, le ressentiment, le refoulement et le désir de vengeance.

La prochaine fois, avant de vous mettre en colère contre quelqu'un ou quelque chose, prenez le temps de réfléchir aux dommages que vous allez *vous* causer. Au besoin, programmez-vous à compter jusqu'à 20 ou 30, ou même 1000 si cela est nécessaire, avant de laisser quelque parole que ce soit sortir de votre bouche. Pensez à une personne aimée, à une bonne blague ou à un souvenir heureux. Détournez immédiatement votre attention de l'objet de votre colère.

Ne laissez pas votre conscient alimenter le conflit en vains dialogues intérieurs, emplis d'acidité et d'amertume. Respirez profondément et pensez VÉRITABLE-MENT à autre chose, le temps de calmer cet orage qui gronde en vous. REFUSEZ le duel ou l'affrontement, car les pernicieuses vibrations émises par la colère reviennent toujours poignarder son auteur!

À méditer
• Agir dans la colère, c'est s'embarquer durant la tempête. (allemand)

Il est beaucoup plus sage de laisser passer l'orage.

• Si le coq hérisse ses plumes, il est aisé de le plumer. (birman)

• Laissez ceux qui n'ont pas compris se mettre en colère et soyez le vainqueur. La colère rend vulnérable, alors que le sang-froid rend fort.

• La colère du vrai croyant ne dure que le temps de remettre son turban en ordre. (arabe)

• Le caillou lancé avec colère ne tue pas l'oiseau. (africain)

• La colère empêche de bien viser.

L'HYPERÉMOTIVITÉ

Selon René LeSenne, auteur d'un traité de caractérologie, l'émotivité, c'est la «propriété de la nature humaine en vertu de quoi nous ne subissons aucun événement, qu'il s'agisse d'une perception ou d'une pensée, sans que cette perception ou cette pensée provoque un ébranlement plus ou moins profond dans notre vie organique ou psychique».

Les caractéristiques de l'(hyper)émotif sont les suivantes:

– Il est inconstant, «virevent», il change souvent d'idée, passe sans transition d'une conviction à une autre: tantôt il est exubérant, joyeux, heureux, enthousiaste et de bonne humeur et... 15 minutes plus tard, sans que rien ne le justifie, il est maussade, irritable, agressif, chagrin, découragé et pessimiste;

– Il fait preuve d'une grande nervosité qui frise quelquefois la fébrilité;

– Il s'indigne, se choque ou se laisse abattre facilement;

– Il est très susceptible. On le considère souvent comme soupe au lait et on ne sait pas toujours très bien sur quel pied danser avec lui;

– Il se passionne, s'enthousiasme, s'emballe, s'enflamme et se pâme facilement;

– Il a tendance à éprouver des sensations et des sentiments disproportionnés à l'égard des événements de la vie quotidienne;

– Il est extrêmement excitable ce qui entraîne des réactions parfois violentes à la suite d'événements, somme toute, banals;

– Il est impulsif et très impressionnable. Il est comme une machine sur laquelle vous n'auriez qu'à pousser un seul bouton pour que se déclenche, au cours d'un incident (même anodin), une série de manifestations toutes aussi excessives et démesurées les unes que les autres;

– Il manifeste TOUT (plaisir, déplaisir, joie ou colère, enthousiasme ou découragement) avec autant d'intensité. En fait, il a *besoin* d'extérioriser, de manifester ses émotions avec une force parfois teintée de rage;

– Il parle fort et clairement, avec passion, fougue et vitalité, et souvent à grands renforts de gestes et de mimiques;

– Il prend le plus petit incident pour une catastrophe; un simple malentendu se transforme en une haine farouche et implacable, et le plus petit plaisir devient un bonheur et une joie grandioses et mirifiques;

– Il vit des périodes d'activités fébriles suivies de périodes d'isolement et d'abattement total;

– Il ressemble à l'indice boursier... son humeur fluctue d'heure en heure;

– Il est généralement intolérant et porte facilement des jugements sur autrui;

– Il a du mal (en fait, cela lui est presque impossible) à dominer et à taire ses impressions;

– Il utilise constamment les superlatifs. Avec lui, c'est toujours le plus gros, le plus grand, le plus beau, le plus fameux, le plus sublime, etc.;

– Il aime la spontanéité. L'imprévu, les coups de cœur et les coups de foudre sont monnaie courante, chez lui, car il est incapable de résister à ses impulsions;

– Il est influençable et adhère volontiers à l'opinion des autres, quitte à «virer son capot de bord» une minute plus tard;

– Il est d'un naturel bienveillant; il se montre altruiste et facilement ému par la souffrance ou le chagrin des autres.

Bien entendu, il n'est pas nécessaire de les posséder toutes ces caractéristiques pour être considéré comme un émotif, mais plus leur nombre est grand, plus la personne est émotive.

L'émotivité n'est pas un défaut, loin de là! Elle fait percevoir à l'individu des choses que le flegmatique ou la personne rigide, austère et froide ne percevra jamais. Mais si l'émotivité est une force, une énergie à l'état pur, une source électrique, l'individu qui est sous sa dépendance doit apprendre à la gérer et à la discipliner, sans quoi elle peut avoir des conséquences désastreuses, créer le chaos et semer la confusion la plus totale. En d'autres mots, elle peut prendre l'allure et la dangerosité d'un baril de poudre.

Dans notre société, on a, hélas, une bien piètre opinion des émotifs. On les juge avec sévérité et on les condamne souvent sans appel. On les traite avec condescendance, pitié, ironie parce qu'on n'arrive pas à les comprendre. On a du mal à saisir leurs actions et leurs réactions, parce qu'ils sont inconstants. Généralement, on s'accommode mal de leur tempérament toujours plein de surprises, d'inattendus.

Comme les émotifs ne répondent pas aux normes établies de sagesse et de mesure, on les bannit, ou alors on les tourne en dérision. (C'est d'ailleurs ce que les gens font généralement avec les «choses» qu'ils ne connaissent pas...) Mais c'est une grave erreur, car les personnes dites émotives sont des sources quasiment intarissables de trésors et de richesses.

Oui, si l'émotivité est «sous contrôle», si elle se manifeste modérément, lentement, doucement, alors elle devient satisfaisante, bienfaisante, fertile, productive et terriblement utile. L'émotif qui a le contrôle et la maîtrise de ses émotions n'a besoin d'aucun conseil, car... il sait.

Mais qu'en est-il de l'(hyper)émotif qui n'a pas le contrôle de ses émotions? Le problème, c'est qu'on accorde peu de foi à l'émotif qui ne se maîtrise pas, car il a tendance à exagérer et à embellir les faits.

Si vous croyez être de ceux-là, n'ayez aucune crainte, car rien n'est jamais désespéré. Vous pouvez, vous DEVEZ seulement apprendre à maîtriser cette force qui vous a été gracieusement offerte par le Créateur et grâce à laquelle vous pourriez accomplir de bien grandes choses.

Comment faire

Il est certaines choses que l'émotif doit apprendre à contrôler. Voici les principales.

– Freiner sa propension à faire des confidences à tout un chacun. L'émotif a tendance à se confier à n'importe qui, pour autant que ce «n'importe qui» soit le copain du moment. Trop souvent, hélas, il le regrette. Mais il est trop tard. Les confidences ne doivent être faites qu'à des personnes triées sur le volet. Nos secrets nous appartiennent. Pour nous, ils sont importants. Il ne faut pas les partager avec n'importe qui, mais seulement avec des personnes qui sont susceptibles de nous comprendre.

– Prendre garde à ses changements d'attitudes et à ses changements de pensées et de théories. Les membres de son entourage ne peuvent admettre, à long terme, d'avoir affaire à quelqu'un qui change perpétuellement d'idée. Qu'il s'agisse d'amis, de partenaire affectif ou de patron, nul ne peut accepter de négocier avec quelqu'un qui change d'avis aussi souvent «qu'il change de chemise».

– Réfréner, réduire le caractère explosif de ses impulsions qui le poussent à agir de façon inconsidérée. Car l'émotif suit toujours ses impulsions, ses élans. Il agit sur des coups de cœur mais parfois, il se cogne le nez sur une porte fermée. L'émotif doit apprendre à réfléchir avant d'agir!

– Apprendre à relativiser les événements. L'émotif réagit toujours trop fortement à toutes les situations. Il plonge facilement dans la colère et la rage ou dans le ravissement et la joie. Il doit apprendre à donner, à chaque événement, sa juste valeur.

– Chasser les idées noires et les impressions de découragement, de désespoir et d'abattement qui l'habitent régulièrement.

– Lutter contre sa tendance à être du genre «caméléon», qui lui fait prendre la «couleur» de son environnement sans souci de ses désirs propres.

– Mettre fin à ses rêveries infécondes et à ses rêves merveilleux et utopiques qu'il sait pertinemment qu'il ne réalisera jamais.

– Se réfugier souvent dans le silence pour voir clair en lui. Il doit méditer et apprendre à réfléchir et à utiliser son émotivité pour qu'elle lui soit profitable.

LA SOLITUDE

Il y a plusieurs types de solitude. Il y a la solitude positive, volontaire, choisie et appréciée, puis il y a la solitude négative, involontaire, subie et qui confine à l'isolement. Parmi les solitudes involontaires, il y a la solitude passagère (qui ne dure qu'un moment bien déterminé), transitoire (celle que l'on vit entre deux étapes importantes de sa vie) et la solitude chronique.

Il y a donc une solitude qui libère et une autre qui emprisonne. La solitude involontaire s'accompagne presque toujours d'un sentiment d'abandon, de rejet, de mise à l'écart. La plupart du temps, elle est responsable d'un cercle vicieux qui fait que moins on sort de chez soi, plus on devient «sauvage» et neurasthénique, et moins on a envie de sortir et de voir du monde.

Les conséquences de la solitude involontaire sont l'angoisse, l'anxiété, l'agressivité et une déstabilisation qui a des répercussions sur les plans physique, psychique, social, spirituel et matériel de l'individu.

La solitude a des causes nombreuses et nous pourrions écrire, juste sur ce sujet, une brique de 500 pages. Entre autres causes, il y a la vieillesse, la pauvreté, les handicaps physiques et mentaux, l'incapacité de nouer des contacts, la peur de sortir, une faible estime de soi, l'absence ou l'insuffisance de confiance en soi, l'anonymat des grandes villes, etc. La solitude peut aussi être causée par une séparation, un divorce, le décès d'un conjoint, le départ des enfants de la maison, la maladie ou un traumatisme.

Mais peu importe ce qui cause (ou a causé) cette solitude, si elle vous pèse, si vous ne l'avez pas librement choisie et n'y avez pas consenti, alors vous ne devez pas la laisser perdurer.

Il faut vaincre la solitude en se rebâtissant un réseau social à sa mesure.

Comment faire
– Inscrivez-vous à un club sportif (marche, natation, golf, par exemple) ou intellectuel (lecture, écriture, scrabble, mots croisés...);

– Devenez membre d'un cercle du genre «Les Fermières», «Les amis de la Nature», «Les mordus des Livres», etc.;

– Devenez membre d'un club de collectionneurs. Certes, il y a des collections qui nécessitent un compte en banque bien garni, mais il en est d'autres qui sont tout à fait accessibles. Et puis, l'important n'est pas de posséder la plus grande, la plus belle et la plus coûteuse collection, mais bien de partager votre passion avec des gens qui ont les mêmes intérêts que vous.

– Faites du bénévolat dans votre quartier ou auprès des enfants malades dans les hôpitaux, auprès des personnes âgées dans les foyers, auprès des démunis. Parfois, le fait de côtoyer la misère et la souffrance des autres permet de relativiser ses problèmes et de réaliser, au bout du compte, que nous ne sommes pas en aussi mauvaise posture qu'on le croyait.

– Si vous aimez (ou croyez que vous aimeriez) chanter, inscrivez-vous dans une chorale. Chanter est très bon pour le moral.

– Achetez-vous un animal de compagnie. S'occuper d'un chat, d'un chien, d'un oiseau ou d'un petit hamster, l'aimer, le câliner et le dorloter peut s'avérer très bénéfique.

– Achetez-vous quelques plantes. Apprenez à les cultiver, à les bouturer; regardez-les s'épanouir, étudiez-les.

– Si vous avez les moyens, suivez des cours d'informatique (peu importe votre âge, des hommes et des femmes de plus de 70 ans le font tous les jours) et apprenez à naviguer sur Internet. Vous y ferez de fort nombreuses rencontres qui, bien qu'elles soient virtuelles, peuvent devenir une excellente manière de communiquer avec l'extérieur. Sur Internet, vous ne vous sentez jamais seul. Et puis, les rencontres Internet peuvent mener à de véritables rendez-vous.

– Inscrivez-vous à des cours. Des cours de... ce que vous voulez. Aujourd'hui, on peut trouver des écoles pour apprendre à peu près n'importe quoi. Bien sûr, certains cours sont dispendieux, mais la plupart sont d'accès raisonnable. En outre, dites-vous bien que les cours auxquels vous vous inscrirez pourront peut-être, un jour, vous permettre de vous trouver un nouvel emploi, de partir votre propre petite entreprise ou de réintégrer le marché du travail. Ce qui peut commencer comme un simple loisir, comme un passe-temps, un délassement, un désir de pousser plus loin sa culture et ses connaissances, une manière de vaincre sa solitude, peut devenir une sorte de placement d'avenir.

Par ailleurs, il est maintenant reconnu (voir la section «L'âge», à la page 104) que la stimulation intellectuelle est une des meilleures manières d'augmenter sa longévité. Apprenez une langue étrangère, l'art floral, la décoration intérieure, l'art de l'écriture, la gestion financière, l'informatique, l'infographie, le maniement des armes, etc. Si vous préférez l'apprentissage qui vous fait faire d'une pierre deux coups, c'est-à-dire qui vous permet à la fois d'étudier et de faire de l'exercice physique, alors privilégiez les arts martiaux, la natation, la danse, le ski, etc.

Partez avec un esprit positif! Lisez et relisez la section «Le doute», à la page 64, et lancez-vous. *Vous êtes capable!*

– Sortez, bon sang, sortez de la maison! Le monde extérieur n'est pas si menaçant, périlleux, mauvais, odieux, corrompu, méchant ni malfaisant que vous l'imaginez peut-être! Sortez! Allez prendre ne serait-ce qu'un café ou une boisson gazeuse au restaurant. Parlez au monde. Ne restez pas enfermé dans votre coquille.

– Créez! Selon plusieurs médecins, le fait d'être capable de créer (de peindre, de dessiner, de faire de la musique, d'écrire, etc.) est un traitement en soi pour combattre la solitude et la neurasthénie.

– Apprenez à apprivoiser la solitude et à en tirer ce qu'elle peut donner de meilleur.

– Écrivez! Tenir un journal intime, écrire des contes, un roman, des nouvelles, des poèmes est une excellente façon de lutter contre la solitude, car c'est une façon de mettre ses émotions sur papier.

– Partez à la recherche de vos talents et de vos passions.

– Visitez des musées et des expositions.

– Allez à la bibliothèque.

– Redécorez votre demeure, changez les couleurs de votre environnement.

– Bricolez! Faites de l'artisanat, du modèle réduit, des décorations de fêtes.

– Allez au cinéma.

– Faites du lèche-vitrine ou une longue promenade à pied. Allez dans des parcs.

– Donnez votre nom pour faire des activités communautaires. Cela permet parfois de changer de cercle d'amis et peut être très positif.

– Fuyez à toutes jambes les gens qui «bouffent» votre énergie, qui vous sapent le moral, qui ne savent que se plaindre ou parler de leurs maladies.

– Faites plaisir à quelqu'un. Un coup de téléphone, un petit mot sur une carte ou un petit cadeau. Pas besoin de payer un prix fou, les magasins à rabais fourmillent de cadeaux à bas prix! Offrez un ensemble de bougies avec chandeliers, un ange qui envoie un baiser, un stylo, des articles de cuisine, etc. Si vous savez cuisiner, la prochaine fois que vous ferez des tartes, des biscuits ou des muffins, offrez-en à votre voisin. Qui sait? Votre audace sera peut-être le début d'une belle amitié.

– Si vous êtes prêt pour une (nouvelle) aventure amoureuse, profitez des nombreuses possibilités qui sont offertes aujourd'hui. Il y a, bien sûr, les fameuses agences de rencontre, mais il y a aussi les cafés-rencontres, les déjeuners-causeries, les dîners pour célibataires et les soupers dansants, sans oublier les boîtes vocales.

– Vous pouvez aussi décider de lancer votre propre entreprise. Sur le marché du travail, il y a de la place pour tout le monde. Il suffit de trouver un créneau (insuffisamment exploité) et qui vous convienne, bien sûr. Vous pouvez commencer à cultiver les fines herbes (moyennant quelques conditions, elles poussent très bien dans les maisons) et en faire le commerce; vous pouvez aussi (si vous êtes rapide sur le clavier) envoyer votre C. V. aux agences de copistes, faire de la comptabilité pour ceux qui n'ont pas les moyens de se payer un comptable agréé; vous pouvez vendre des mets cuisinés, offrir vos services pour faire des curriculum vitæ, faire de la réparation d'appareils électriques ou offrir aux personnes âgées, moyennant paiement, de faire les courses, l'entretien de la pelouse, le déneigement de l'entrée, etc.

8
Vaincre ses habitudes

LE SENS DU DEVOIR

Vaincre le sens du devoir, ici, ne signifie pas éviter de faire ce qui doit être fait et se sauver de ses responsabilités. Non, il s'agit plutôt de se libérer des chaînes qui se forgent quand on est victime d'un sens du devoir *excessif*. Ces chaînes qui font qu'on consacre sa vie et toutes ses énergies à vouloir faire plaisir aux autres, à leur plaire, à chercher leur approbation. Cette section fait suite à ce que j'ai élaboré au chapitre 3 concernant les causes de la fatigue mentale chronique.

Vous devez vous rendre compte que vous aussi, en tant qu'être humain, vous avez des droits et des privilèges. Emparez-vous d'eux! Proclamez-les et exigez qu'on les respecte. Bien entendu, cela vous demandera du temps, de l'énergie, de la volonté et de la persévérance pour arriver à vous affirmer et à exiger ce qui vous revient car, autour de vous, on s'opposera certainement, ouvertement ou tacitement, à ces exigences nouvelles et inattendues, à cette rébellion subite.

La première fois que vous ferez valoir un de vos droits, si minime soit-il, on vous regardera de la même manière qu'on le ferait si vous vous présentiez nu devant une assemblée. Un regard surpris, ébahi, l'air de dire: «Non, mais, tu as perdu la tête ou quoi?» Puis, le premier moment de stupeur passé, le regard d'ébahissement deviendra sévère: «Comment? Tu oses!?!» Puis, les yeux sévères se feront tristes: «Tu me déçois», diront-ils.

Beaucoup de personnes renoncent à être elles-mêmes, à s'affirmer et à revendiquer la place qui leur revient de droit, dès les toutes premières tentatives, car elles ne peuvent supporter de décevoir et de faire de la peine. Elles se laissent manipuler.

Pourtant, ces réactions de la part des membres de l'entourage sont tout à fait normales. En décidant de penser un peu plus à vous, vous devez forcément penser un peu moins à eux. Alors, ils commencent à avoir peur... Mais si vous abdiquez, un jour, tout le monde sera perdant car en obnubilant tout à fait vos désirs, vous accumulez, consciemment ou pas, des frustrations («On sait bien, moi, je ne compte pas»), de la colère («J'en ai assez, assez, assez d'être la servante de tout le monde!»), du chagrin («Au fond, tout l'monde s'en fout de ce que je ressens»), etc.

Inexorablement, ce comportement vous conduira, selon votre tempérament, soit à tomber malade physiquement (maladies cardiaques, des voies respiratoires, cancer) ou psychiquement, la manifestation la plus commune étant la dépression nerveuse. Vous ne serez alors plus utile à personne, ni à vous ni aux autres.

Plusieurs personnes au seuil de la mort font jurer à ceux qui les entourent de profiter de la vie quand il en est temps, de penser à eux, de prendre le temps de vivre. Par ailleurs, si vous avez déjà entendu des témoignages de gens ayant survécu à un cancer, vous aurez sans doute remarqué que la maladie leur a appris à s'occuper d'eux-mêmes, à respecter leurs désirs, à savoir dire non, à s'aimer.

De nombreuses études démontrent l'incidence notable du refoulement des émotions négatives, notamment sur le cancer. Car les émotions négatives constamment refoulées finissent par rendre aigri, amer, malade. Parce qu'elles sont des poisons mortels, ces émotions affaiblissent à tel point le système immunitaire que l'individu s'expose au pire en les nourrissant.

LA COURSE À LA PERFORMANCE

Dans les années 80, le mot le plus en vogue était incontestablement «performance». En fait, pour se bâtir une réputation enviable, pour se «faire» un nom respectable, pour se gagner une place au soleil, il fallait performer. Performer sous-entendait, bien sûr, travailler d'arrachepied, être le meilleur ou la meilleure en tout et, pour les femmes, être capable de mener de front deux carrières: une à l'extérieur de la maison et une à l'intérieur en tant qu'épouse et mère.

Les hommes n'étaient guère avantagés par cette folle et frénétique compétition sociale, car ils devaient faire, bon gré, mal gré, abstraction de tous leurs désirs personnels et investir la totalité de leurs énergies dans le travail et pour le compte d'une entreprise, très souvent ingrate.

Au nom de la performance et de la réussite sociale, et parce qu'il est dans la nature humaine de vouloir être considéré par ses pairs, des milliers d'hommes et de femmes ont renié tous leurs désirs et leurs passions. Ils ont négligé leurs besoins fondamentaux et abjurer certaines de leurs valeurs les plus fondamentales. Des couples se sont désunis, des amis se sont éloignés, dispersés, des familles se sont décomposées, déchirées, disloquées pour répondre à cette injonction d'une collectivité aveugle dont la majorité des membres, pour finir, sont devenus leurs propres victimes.

Qui a injecté dans notre société (qui, à une certaine époque, semblait plutôt vouloir se diriger vers une ère de loisirs) ce virus empoisonné de la performance, aussi corrosif que le fiel de la salamandre? En fait, peu importe le ou les coupables! Le temps presse! Les résultats désastreux de cette folie collective, qui semble, par ailleurs, vouloir quelque peu se calmer, exige pour l'instant toute notre attention. Car les résultats sont pitoyables. Ils s'appellent stress, maladies, solitude, désespoir, dépression, épuisement professionnel!

Le temps est venu — particulièrement pour vous qui avez ce livre entre les mains et qui êtes donc prêt au changement — de rétablir la liste des priorités. Vous allez devoir renouer avec ces valeurs que vous aviez mises au rancart, les extirper du grenier, les dépoussiérer, les réapprivoiser et les remettre à l'ordre du jour.

Chacun doit prendre conscience que la course contre la montre, la course à l'argent, à la réussite, à la performance, est un cercle vicieux duquel il est extrêmement difficile de sortir. Lorsqu'on est à l'intérieur de ce cercle, parfois, dans des éclairs de lucidité, il nous arrive de ressentir une impression de vide, de stérilité, de vacuité, de néant. Le problème réside dans les moyens qu'on prend pour faire disparaître cette détestable impression.

Généralement, la première action prise par l'individu qui ressent ce «vide» sera de rajouter une nouvelle activité à son agenda, activité, si possible, lucrative et le plus souvent d'ordre professionnel. C'est une grave erreur, car cela ne fait que «masquer» le problème, la lacune observée (le vide en l'occurrence). Cela augmente la fatigue et mène, invariablement, l'individu à l'épuisement moral et physique, avec pour toile de fond l'impression de toujours courir après sa queue. Il faut, au contraire, ralentir le rythme.

Il nous faut éliminer des activités pour nous donner plus de temps, plus de temps pour apprendre à nous (re)connaître et à découvrir ce dont nous avons véritablement besoin. Oui, c'est une tâche difficile, car elle implique une remise en question de tout ce que nous sommes devenus et de tout ce pour quoi nous avons sué sang et eau au cours des dernières années, voire des dernières décennies.

RÉAGIR!

Aujourd'hui, près de 20 ans après le début de l'ère de la performance et de la course à l'argent, les pronostics et les statistiques sont lamentables et pour le moins effrayantes. En effet, il est maintenant établi que 20 % de la population sera touchée par la dépression nerveuse à un moment ou à un autre de sa vie.

Il faut réagir! Cela ne signifie pas, bien sûr, qu'il faille devenir égoïste et égocentrique. Non! Il s'agit seulement de récupérer une tranquillité d'esprit en s'octroyant régulièrement des petits plaisirs, juste pour soi.

En faisant passer toujours les désirs d'autrui avant les nôtres, nous en venons, bien rapidement, à répudier notre propre personnalité. Et cela est très grave. Commencez dès maintenant à penser à vous et à imposer vos limites! Vous trouverez de très nombreux conseils à ce sujet dans la section «La conviction d'être indispensable», à la page 93.

Trop peu de gens partent à la découverte d'eux-mêmes. Il est tellement plus simple de se laisser porter sur les flots de la vie que nombreux sont ceux qui préfèrent subir la houle quotidienne que de fournir les efforts nécessaires (énergie, courage, persévérance, foi, lutte) pour se sortir de la tempête.

Mais ces gens, ceux qui optent pour le *statu quo*, on les trouve toujours fatigués, épuisés, malades, anxieux, déprimés, dépressifs, suicidaires, au bout de leur rouleau. Alors que ceux qui décident de faire face à eux-mêmes dans une absolue sincérité, ceux-là naviguent, heureux, sur une mer calme et sereine, en synthonie avec eux-mêmes et avec leur environnement.

On a tendance à dire d'eux qu'ils ont de la chance, qu'ils sont protégés, qu'ils sont nés sous une bonne étoile, qu'un ange les accompagne, etc. C'est faux. Ils sont tout simplement de la race de ceux qui ont décidé d'être seuls maîtres à bord et qui ont donné au mot «devoir» sa signification réelle. Rappelez-vous toujours qu'assumer ses devoirs envers autrui ne veut pas dire devenir les esclaves de leurs désirs au détriment des nôtres.

LE DILEMME: RALENTIR

Ralentir le rythme est, bien souvent, plus facile à dire qu'à faire. Pris dans un engrenage extrêmement complexe, fixe et formel, l'individu qui veut briser le cercle vicieux de la course infernale qu'est devenue sa vie doit être très déterminé et prêt à faire face à toute l'opposition qui surgira.

Cette opposition pourra venir de ses patrons, de ses clients, de sa famille, de son conjoint, de ses enfants, de la publicité, de ses créanciers ou de son directeur de banque. Car le fait de reprendre la direction de sa vie en ne se laissant plus imposer des modèles de *winner* implique affronter divers obstacles.

Voici un exemple. Martine, cadre dans une agence de publicité en plein essor, décide un beau jour qu'elle en a assez d'être perpétuellement à la course, de n'avoir plus de temps à consacrer à son partenaire amoureux ni à ses enfants, de se lever le matin aussi épuisée que lorsqu'elle se couche (souvent aux petites heures de la nuit). Elle en a assez de devoir prendre sa douche à la vitesse de l'éclair et de bouffer des plats surgelés parce qu'elle n'a pas le temps (bien qu'elle adore cela) de cuisiner des mets maison...

Martine décide donc, après avoir longuement réfléchi à sa qualité de vie (ou plutôt à l'absence de qualité dans sa vie), de diminuer ses heures de travail (quitte à devoir diminuer, par conséquent, son train de vie) et de se réapproprier son temps. Elle prend la décision de fixer elle-même ses idéaux, de changer ses standards de vie, d'abandonner l'idée de se conformer à l'image, fausse et préconçue, de la réussite, d'établir elle-même ses propres priorités de bonheur et de prospérité, de braver les règles tacites qui dictent à ceux qui veulent «réussir» comment se conduire pour être «bien vus».

Se réapproprier son temps peut signifier refuser de faire des heures supplémentaires, refuser d'apporter du travail à la maison (habitude extrêmement malsaine pour le couple et la famille), ne plus travailler les week-ends, prendre les pauses qui nous reviennent de droit, ne plus travailler que quatre jours sur sept, etc.

Ceux qui croient que tout cela peut se faire sans heurts et sans grincements de dents se bercent d'illusions. Martine devra affronter de nombreux opposants à commencer, peut-être, par sa propre famille, son conjoint, ses enfants. Car mettre fin à l'excès de travail implique non seulement la diminution des rentrées d'argent, mais également le bouleversement des habitudes de plusieurs des membres de notre entourage. Le patron devra envisager d'embaucher quelqu'un pour accomplir les tâches qu'elle ne fera plus. Son conjoint et ses enfants (qui ont par ailleurs leurs propres habitudes) devront affronter son désir nouveau de partager plus de temps avec eux, idée à laquelle ils mettront sans doute un bon moment à s'habituer. Car l'attitude nouvelle de Martine les mettra dans l'obligation de faire, eux aussi, certains choix.

Quelques solutions
– Dressez une liste raisonnable des tâches à accomplir en veillant toujours à vous réserver des moments juste pour vous.

– Établissez des priorités. Ne laissez pas le mythe du *superman* ou de la *superwoman* vous conditionner. Vous n'avez pas à faire quatre journées en une.

– Ne cherchez pas sans cesse à «performer», à être le meilleur, à gagner.

– Déléguez! Même si vous croyez que votre partenaire, vos amis ou vos enfants feront le travail beaucoup moins bien que vous, déléguez! Un peu moins de perfectionnisme et de rigueur est peut-être le prix à payer pour avoir un peu plus de repos.

– Ralentissez! Ne maintenez pas, sans cesse, un train d'enfer. Ménagez-vous des pauses au cours de la journée. Ces temps d'arrêt (20 minutes au moins) vous permettront de vous ré-énergiser.

– Faites le bilan. Le soir venu, dressez le bilan de votre journée. Faites-le par écrit à l'aide de deux colonnes: bon et mauvais. Inscrivez ce qui vous a dérangé, fait de la peine ou rendu agressif, mais inscrivez aussi, et surtout, TOUTES les petites victoires et TOUS les petits plaisirs ressentis. Soyez de bonne foi et ne retenez pas que le pire. Vous verrez que vous avez peut-être plus de raisons de vous réjouir que vous ne le croyiez.

– Riez! Le rire est une des meilleures activités pour retrouver le moral. Vous trouverez tous les bienfaits du rire au chapitre 12.

LA CONVICTION D'ÊTRE INDISPENSABLE

La personne dite indispensable est celle qui a un comportement autodestructeur. En fait, elle se croit immortelle. Lentement, mais sûrement, ses trop nombreuses activités, ses échéances serrées, son rythme de vie effréné, le poids de ses responsabilités, son insécurité chronique, son insatisfaction permanente, son sentiment persistant d'être l'esclave des autres, quand ce n'est pas sa funeste fierté d'être la maîtresse, la gouvernante, le guide et le gourou incontesté de la destinée de ses proches, toutes ces attitudes finissent par saper son énergie vitale. Finalement, cela détruit son estime personnelle en plus de la rendre, à la longue, insupportable, voire indésirable pour les autres.

En règle générale, cette personne impute la pression interne, qu'elle ressent constamment, à ses lourdes responsabilités. Or c'est souvent son besoin de contacts ou de domination qui la pousse à doubler et à tripler sa charge de travail, d'où la pression interne plus intense.

Certaines personnes, excellentes au travail et se fixant, dans le cadre de celui-ci, des objectifs raisonnables et réalistes, deviennent, hors de ce cadre, totalement désordonnées. Comme ces gens exercent leur métier toute la semaine, la fin de semaine devient le seul moment disponible pour accomplir les «autres» tâches: ménage, lessive, rénovation, tondeuse, jardinage, épicerie, popote, etc. C'est dans ces moments-là que l'individu, pourtant si ordonné et méthodique à son travail, ne sait plus où donner de la tête. Alors, il se lance à droite et à gauche, essaie de tout faire en même temps, se dresse une liste interminable de tâches «urgentes», néglige son conjoint, ses enfants ou ses amis tant que tout n'est pas terminé. Il n'éprouve de plaisir que le temps où tout est en ordre.

Ce type d'individu ignore comment hiérarchiser ses tâches. Pour lui, elles sont toutes aussi importantes et urgentes les unes que les autres. Et si, par miracle, il arrive à tout faire, il se couchera déçu de n'avoir pas trouvé de temps pour lire une histoire à ses enfants, pour faire l'amour, pour aller prendre ce petit verre avec les amis, etc.

Et vous, êtes-vous indispensable?
Inscrivez oui ou non à côté des énoncés suivants:

– J'ai beaucoup, beaucoup, beaucoup de responsabilités.

– Entre choisir de faire une pause, de m'arrêter un peu ou d'accélérer pour «finir plus vite», je choisis toujours d'accélérer.

– Mes journées sont structurées au maximum et j'ai un horaire si chargé qu'il ne tient compte ni des imprévus ni des contretemps, d'où parfois des situations plutôt pénibles et tendues.

– Je souffre fréquemment d'angoisse, de fatigue et d'anxiété, et j'ai souvent l'impression d'être sur le bord de la dépression nerveuse.

– On me reproche parfois (souvent) de n'avoir pas suffisamment le sens de l'humour.

– Je me rends fréquemment coupable de mouvements d'impatience.

– Je suis facilement irritable.

– Quand je n'arrive pas à «être parfait», j'en ressens de la honte, de la tristesse, de la colère et de l'anxiété.

– Je me sens automatiquement coupable dès que quelque chose ne va pas dans le sens voulu. Alors, comme je considère que je suis la cause, je considère également qu'il me revient de trouver des solutions.

– Je suis toujours au moins *partiellement insatisfait* de mes performances.

– Je suis convaincu que si je devais m'absenter quelques jours de chez moi (ou du bureau), il en résulterait, sinon une catastrophe, tout au moins une certaine confusion, voire quelques fâcheux incidents.

– Je suis incapable de dire non à quelqu'un qui sollicite mon aide.

– Je crois qu'autour de moi on éprouve une certaine admiration devant les montagnes de choses que j'arrive à faire.

– Je manque beaucoup de confiance en moi et j'ai constamment besoin de relever des défis, aussi anodins et quotidiens soient-ils.

– J'ai besoin, pour fonctionner pleinement, de sentir l'approbation, ouverte ou muette, de mon entourage.

– J'ai horreur de demander de l'aide et j'ai horreur également qu'on m'en propose.

– Sincèrement, je crois que personne ne peut faire mon travail aussi rapidement et aussi efficacement que moi.

– J'ai besoin de sentir qu'on me trouve compétent.

– J'ai très souvent l'impression qu'on ne m'apprécie pas à ma juste valeur.

– Il m'est absolument impossible de me détendre ou de m'amuser si je n'ai pas fini tout mon travail.

– J'ai oublié depuis belle lurette la véritable signification des mots «sieste», «vacances», «loisirs».

– Je vis constamment en «état d'urgence».

– Je vise rien de moins que la perfection en tout.

Si vous venez de diagnostiquer que vous êtes une «personne indispensable», voici ce qui vous guette à plus ou moins court terme.

Vous commencerez par remarquer une baisse, lente mais constante, de votre énergie, de votre capacité à vous adapter aux circonstances, de votre capacité à vous concentrer, à agir et à réagir aux agressions extérieures et au stress. Parallèlement à ces diminutions, il y aura un accroissement directement proportionnel des risques de maladies, physiques et psychiques, dû à l'affaiblissement de votre système immunitaire. Peut-être que, pour récupérer l'énergie perdue, vous userez (et abuserez) d'excitants tels que le café, le thé, le tabac, le chocolat, l'alcool; de certaines pilules comme les *wake-up*, de certaines drogues comme les amphétamines.

Puis, parce que vous éprouverez des difficultés à vous détendre et à dormir, vous vous offrirez quelques verres de vin avant d'aller au lit et quand cela ne suffira plus, vous vous ferez prescrire des tranquillisants et des somnifères.

Vous perdrez tout à fait votre sens de l'humour. «Après tout, vous direz-vous, que peut-il y avoir de drôle dans la vie?» Vous deviendrez excessivement critique, amer, aigri, frustré, insatisfait, dur, austère, plein de ressentiment et véritablement difficile à endurer. Vous deviendrez, en fait, une sorte de robot qui marche au radar, sans passion et sans spiritualité; un robot qui ne sait plus prier, aimer ou rire, qui ne sait plus apprécier la beauté d'une pleine lune, une douce symphonie, une merveilleuse peinture, une sortie en famille, un bon film, etc.

Puis, un beau jour, vous vous apercevrez que vous êtes devenu dépressif, angoissé et malade. Vous constaterez que les répercussions négatives de votre comportement compulsif de «personne indispensable» sur votre santé sont supérieurs, et de beaucoup, aux récompenses et aux gratifications que vous en retirez.

Vous aurez l'impression, souvent légitime et réelle, d'avoir été mis à l'écart, abandonné et rejeté. Comprenez que votre comportement de personne indispensable a fini par vous rendre tellement critique et querelleur, tellement exigeant et intolérant, que les gens de votre entourage ont préféré s'éclipser.

Bien sûr, vous vous direz que les gens sont ingrats, qu'ils n'ont jamais su apprécier tout ce que vous faisiez pour eux. Vous éprouverez de la colère, de la rage et un cruel sentiment d'impuissance. Puis, tout doucement, par fatigue, par épuisement, par désespoir, vous vous détacherez de tout. Peut-être même aurez-vous des pensées suicidaires.

Voilà, vous aurez succombé à cette insoutenable pression interne qui vous sussurait sans cesse à l'oreille que vous n'en aviez pas encore assez fait. Cela s'appelle la dépression nerveuse. Vous aurez le choix: en mourir (lentement mais sûrement) ou vous en sortir en prenant un nouveau départ.

Bien sûr, vous n'êtes pas «obligé» de vous rendre à cette extrémité. Vous pouvez simplement accepter dès maintenant l'idée que vous avez vous-même créé, exigé, réclamé cette surcharge de travail dont vous vous plaignez.

N'attendez pas d'être atteint d'une maladie grave ni d'avoir à faire face à une situation qui vous dépasse. Soyez à l'écoute des conseils de vos amis, des commentaires aigres-doux de votre conjoint ou de vos enfants qui en ont assez de vous entendre vous plaindre sans que jamais vous n'acceptiez leur aide. N'attendez pas de vous noyer dans votre propre sueur.

Prenez conscience que votre incommensurable besoin de pouvoir, d'importance et de succès est en train de vous détruire. Essayez de trouver l'épanouissement ailleurs que dans le drame, l'urgence et les crises.

Quelques solutions
– Offrez une cure d'amaigrissement à votre... agenda!

– Cessez de vouloir vous rendre indispensable en multipliant les occasions de régler les problèmes des autres à leur place car non seulement vous augmentez vos tâches, déjà abondantes, mais en plus, consciemment ou pas, vous vous rendez coupable de manipulation et de domination. S'insinuer dans les problèmes des autres et tenter de les régler à leur place est une manière détournée de faire de ceux à qui vous rendez service vos obligés.

– Dressez une liste des choses à faire par catégories: «urgent», «très important», «important», «peut être différé», «peut être délégué», «facultatif», etc.

– Dans la catégorie «très important», ménagez-vous, chaque jour, une case horaire juste pour vous faire plaisir, par exemple en vous offrant un bain moussant aux bougies, une heure de méditation, une séance de bronzage, une pause lecture ou une période durant laquelle vous pratiquerez votre activité préférée, que ce soit faire du lèche-vitrine, du jogging, de l'«autoroute» ou autre.

– Arrêtez de vous sentir obligé d'en faire «plus que le client en demande» de peur qu'on puisse mettre en doute vos compétences et vos talents.

– Apprenez à vous endurcir devant la critique, qu'elle soit sous-entendue, imaginaire ou clairement énoncée.

– Cessez de vous rendre responsable et de vous sentir coupable de tous les maux de la terre. N'attendez pas de vous effondrer, de vous écrouler, vaincu par ce trop lourd fardeau.

– Ôtez votre masque de *superman* (ou de *superwoman*), ce masque d'invulnérabilité, et soyez enfin vous-même avec vos forces, certes, mais aussi avec vos faiblesses.

– Voyez-vous comme une personne intéressante, compétente, efficace. Visez l'excellence, mais cessez de vous voir comme un être essentiel à la survie des autres, indispensable à leur bien-être.

– Acceptez le fait que vous ne pouvez être tout à la fois: ami fidèle, loyal et toujours prêt à rendre service, travailleur exemplaire, épouse ou mari parfait, toujours à l'écoute de l'autre, parent efficace, juste et toujours disponible, éducateur, infirmier, bénévole, amant, etc.

– Sachez vous donner des tapes dans le dos et vous féliciter quand vous avez fait quelque chose de bien plutôt que de voir seulement ce qui n'a pas encore été fait.

– Savourez vos réussites plutôt que de toujours dire: «Oui... mais! J'aurais pu faire encore mieux!»

– Décrétez que, dorénavant, vous serez moins disponible aux autres et un peu plus à vous-même.

– Clamez bien haut vos désirs et vos besoins. Ne cherchez pas à les étouffer ni à les réfréner. Ne poussez pas l'esprit de sacrifice au point de faire complètement abstraction de vous.

– Au besoin, demandez de l'aide pour accomplir ces tâches dont vous avez du mal à venir à bout. Demander de l'aide n'est pas honteux.

– Prenez vos responsabilités, mais n'acceptez pas d'être responsable de la vie, des sentiments et des émotions d'autrui.

– N'entretenez pas d'ambitions démesurées. Soyez réaliste dans vos attentes; ne poursuivez qu'un seul but à la fois et admettez qu'il n'y a que 24 heures dans une journée... même pour vous!

– Pratiquez la rigolothérapie!

L'INSOMNIE

Un bon bain parfumé à la lavande, au jasmin ou à la mandarine vous procurera la détente. Puis, une fois dans votre lit, une tasse de tisane, un peu de musique douce et la lueur d'une bougie feront le reste. Évitez la lecture de livres d'angoisse ou les discussions enflammées; ce sont tous des éléments qui pourraient faire s'imprégner dans votre film mental des images qui fausseraient ou compliqueraient l'analyse de vos rêves en les surchargeant d'émotions ou de sensations fraîches. Veillez à être le plus détendu possible.

Quelques solutions

Voici quelques trucs et conseils supplémentaires pour favoriser un sommeil réparateur et régénérateur.

– Évitez les excitants de tous genres comme le thé, le café, l'alcool, le tabac, les boissons sucrées, car en plus de faire s'évanouir le sommeil, ils favorisent l'angoisse.

– Ne consommez pas d'aliments trop lourds comme de la viande, ni d'aliments excitants comme une tablette de chocolat avant d'aller au lit.

– Faites une promenade au grand air ou quelques exercices physiques.

– Prenez un bain chaud, qui est plus relaxant que la douche, en y ajoutant des huiles essentielles calmantes.

– Offrez-vous une tasse de tisane, d'eau chaude citronnée ou de lait chaud.

– Aérez la chambre deux heures avant d'aller dormir.

– Évitez les couvertures trop lourdes ou trop chaudes.

– Changez les draps souvent.

– Prenez un bain de pieds.

– Faites l'amour jusqu'à l'orgasme.

– Lisez un magazine humoristique ou un livre un peu léger.

– Écoutez de la musique douce à la lueur d'une bougie à la condition, toutefois, que cela ne vous plonge pas dans la nostalgie, mais bien dans le rêve constructif.

Malgré tout ce qui précède et malgré le fait que les aliments comme le chocolat, le thé et le café soient reconnus comme des excitants qui perturbent et gâtent la qualité du sommeil, malgré le fait qu'absorber de la viande avant d'aller dormir soit réputé causer des problèmes de digestion et de sommeil, il ne faut pas perdre de vue qu'avant toute chose, il faut faire ce qui nous convient. Si, depuis longtemps (ou depuis toujours!), vous prenez une tasse de chocolat chaud ou de café ou que vous mangez un sandwich au jambon avant de vous mettre au lit et que vous avez la conviction que cela vous aide à mieux dormir (et qu'effectivement, vous dormez bien), n'abandonnez pas ce rituel. Sinon, votre organisme pourrait bien réagir en vous privant de sommeil.

L'idéal, quand on veut changer un rituel pour un autre qu'on juge plus sain et plus bénéfique, c'est de le faire progressivement, en commençant les jours où on est particulièrement fatigué et éreinté.

L'ÂGE

Que voilà un ennemi implacable, d'autant plus qu'il relève à la fois de nous et des autres.

Un jour ou l'autre, chacun d'entre nous ressent la peur de vieillir. Plus on avance en âge et plus cette crainte se matérialise. Les ridules et les rides apparaissent, la peau se flétrit, les taches de son constellent les mains, les articulations se font plus douloureuses, la mémoire nous joue des tours, etc.

Cependant, de nombreuses recherches faites par des savants et des scientifiques arrivent à la conclusion que le passage des ans a, en soi, peu d'impact sur l'état de santé des différents organes du corps, que ce soit le cerveau, le cœur, le foie, les intestins, le pancréas, les organes sexuels ou autres. Ce qui les fait se détériorer, en réalité, c'est le mauvais fonctionnement des glandes endocrines et un système immunitaire déficient.

Edgar Cayce affirmait que l'état de santé de ces deux systèmes dépend des «émotions constructives et des pensées positives». Il soutenait en outre qu'aucune maladie ne saurait être définitive, puisque chaque atome et chaque cellule de notre corps se restaure, voire se régénère totalement tous les sept ans.

Une étude menée aux États-Unis par les services administratifs des vétérans, il y a quelques années, prévoyait une espérance de vie normale de 120 à 140 ans.

Par ailleurs, les spécialistes s'entendent pour dire que le cœur humain est conçu pour battre quatre milliards de fois. Avec une moyenne de 72 pulsations/minute, on arrive à... 118 ans, minimum!

Bien sûr, le rêve serait d'avoir enfin, sur les tablettes de nos pharmacies, un élixir de longévité qui nous garantirait un corps et un esprit perpétuellement jeunes! Mais en attendant ce jour, peut-être encore bien lointain, il est des choses que chacun d'entre nous peut faire.

Quelques solutions

Voici quelques trucs et conseils pour prolonger, dans le bonheur, votre espérance de vie.

– SOYEZ PRODUCTIF. Fixez-vous des objectifs et travaillez pour les atteindre en ne laissant rien ni personne vous décourager.

– RENDEZ-VOUS UTILE AUX AUTRES. Voilà quelque chose de très important. Chaque individu a besoin de savoir que quelqu'un a besoin de lui. Sans ce sentiment d'être nécessaire, le goût de vivre disparaît et la mort survient.

– MAINTENEZ L'IMAGINAIRE EN ÉVEIL. Vous pouvez lire, écrire, étudier, faire des mots croisés, jouer au scrabble ou toute autre activité qui exige de la réflexion et fait appel à l'acuité mentale et intellectuelle.

– ENTRETENEZ DES ÉMOTIONS ET DES PENSÉES POSITIVES. Apprenez la patience, le pardon. Éliminez la rancune. Si les glandes endocrines qui veillent au bon fonctionnement des sept centres spirituels de l'homme (les chakras) et le système immunitaire sont bien entretenus par des pensées constructives, le vieillissement et la maladie seront retardés encore et encore.

– ÉVITEZ D'ÊTRE TROP INTROVERTI. Le fait de refouler toutes nos émotions et nos sentiments empêche d'établir des relations avec les autres et, par conséquent, de pouvoir se faire comprendre et se faire aimer. Le refoulement émotif diminue beaucoup l'espérance de vie et est, en partie, responsable d'un très grand nombre de maladies graves, et parfois même mortelles.

– DÉPROGRAMMEZ-VOUS. Chassez l'idée, enracinée en chacun de nous depuis la toute petite enfance, que l'espérance de vie normale, avec une santé relativement bonne, est de 50, 60 ou 70 ans. Une expérience américaine a démontré que le fait de se maintenir actif, dans l'accomplissement d'une activité artistique, amenait une nette amélioration de la santé et de la vitalité. Il semble bien que le fait d'avoir de l'intérêt pour un art (quel qu'il soit) augmente l'espérance de vie. Voyons un peu les chiffres.

L'expérience exigeait un groupe de 30 volontaires, tous âgés de plus de 65 ans et prêts pour l'apprentissage des arts. Un autre groupe de 30 personnes du même âge, ne pratiquant aucune activité artistique, représentait le groupe témoin. Une douzaine d'années plus tard, 67 % du groupe d'apprentis artistes étaient encore vivants contre seulement 38 % du second groupe. Selon le docteur Wendy Borow, «le fait d'être capable de créer est un traitement en soi».

En terminant, je vous offre à méditer cette lecture d'Edgar Cayce (lecture 1299-1) qui laisse supposer que chacun de nous, s'il le désirait véritablement, aurait le loisir de décider le moment de sa mort. «Car à l'intérieur d'un corps normal, il y a toutes les ressources nécessaires pour s'entretenir. Et si l'on arrive au niveau de conscience où l'on comprend cela, il n'y a plus besoin de vieillir physiquement, sauf si le corps a le désir effectif d'abandonner le combat pour aller se reposer.»

9

Vaincre les autres

LA RÉSISTANCE D'AUTRUI

La résistance d'autrui, c'est cette opposition qu'on vous fera lorsque vous voudrez aller à l'encontre d'une décision que vous n'auriez jamais envisagé de contester il y a peu de temps encore. Prenez dès maintenant la décision de ne plus laisser les autres vous dicter votre conduite ou prendre les décisions à votre place.

Une maxime affirme qu'on ne peut pas «plaire à tout l'monde et à son père». En essayant de le faire quand même, malgré la sagesse populaire, vous vous apercevrez qu'au bout du compte, il y a toujours quelqu'un d'insatisfait. En outre, ce faisant, vous n'arriverez jamais à vous débarrasser du sentiment tenace de culpabilité qui se traduit par la honte ou le regret de n'avoir pas été en mesure de contenter tous les gens que vous aimez et à qui vous aimeriez toujours plaire.

Quand vous avez une décision à prendre, discutez-en, dans la solitude et le silence, avec... vous-même. Faites vos choix en fonction de vos valeurs, de vos croyances, de votre notion du bien et du mal, de vos convictions, de vos désirs personnels. Puis, discutez de cette décision avec les gens qui sont concernés par elle. Prenez bonne note de leurs opinions et voyez si quelques compromis sont possibles. Mais attention! Faire un compromis, ce n'est pas se ranger à l'avis des autres en abdiquant, sans discernement, ses propres résolutions. Faire un compromis, c'est prendre «un arrangement dans lequel on se fait des concessions mutuelles» (définition du *Petit Robert*).

Bien sûr, si les membres de votre entourage sont habitués de vous voir comme un béni-oui-oui, c'est-à-dire une personne toujours empressée à approuver les initiatives d'une autorité établie, il est certain que votre nouveau comportement les déroutera, les déstabilisera. Mais n'ayez crainte. Cette attitude, par ailleurs tout à fait normale, ne durera pas. Par la suite, incontestablement, ils vous respecteront davantage.

Il est intéressant de noter que plus on se met à la disposition des autres, plus ils en redemandent. Plus une personne dit oui souvent, plus l'indignation est grande lorsqu'elle prétend avoir le droit de dire non. Et plus elle se culpabilise d'avoir osé dire non à un solliciteur quelconque (enfant, ami, conjoint, patron), plus elle est portée, pour utiliser une expression consacrée, à se «fendre en quatre» dans les jours et les semaines qui suivent, comme pour se faire pardonner un manquement à un devoir.

N'oubliez jamais que de tous vos devoirs, le plus important, le plus essentiel est le devoir d'être à l'écoute constante de votre voix intérieure. Tout le monde, au bout du compte, en sortira gagnant et sera heureux, car en prenant le contrôle de votre vie et en assumant vos responsabilités morales vis-à-vis de vous-même, vous serez plus disponible et plus enclin à semer le bonheur autour de vous.

Faites-le même si au début cela vous semble extrêmement difficile, surtout quand vous devez affronter l'opposition, la hargne et la rancœur de ceux à qui vous n'avez jamais rien refusé ni jamais tenu tête.

Faites vos choix, assumez-les jusqu'au bout, soyez totalement intègre et vous verrez comme vous en retirerez rapidement de nombreuses satisfactions.

LE QU'EN-DIRA-T-ON

Quand on pose des actes qui correspondent à nos convictions profondes, il faut être capable de faire fi du jugement des autres. Il faut faire taire en soi l'angoissante et annihilante interrogation: «Mais qu'est-ce que les autres vont dire?»

«Les autres vont dire que je suis timbré», «Les gens vont dire que je ne suis qu'une vieille peau qui se prend pour une ado!», «Ils vont penser que je suis effronté!», «Le monde va dire que je suis déraisonnable, délirant, inconscient, déséquilibré, obsédé.», etc.

L'inquiétude face à l'opinion des autres est responsable, dans un grand nombre de cas, du refoulement des désirs. Les êtres humains, en général, éprouvent l'impérieux besoin d'être approuvés. En conséquence, ils planifient leurs actes en fonction d'un ordre social établi et en prenant soin de ne pas violer des préjugés séculaires.

Vous devez à tout prix vous dégager de ce besoin de plaire à tout le monde et d'être constamment approuvé. Vous devez apprendre à vous contenter, et c'est déjà beaucoup, d'être approuvé par vous-même.

Voici deux histoires vécues qui illustrent bien ce propos et dans lesquelles les acteurs principaux ont fait face au qu'en-dira-t-on.

Caroline, mère de trois enfants, avait 39 ans lorsqu'elle décida de se séparer de son conjoint. Jusqu'à ce jour, elle avait été une mère et une épouse modèle, respectant l'ensemble des préjugés sociaux, ne dérogeant à absolument aucun d'entre eux. Épouse aimante, maman exemplaire, hôtesse hors pair, elle avait tout de la «petite bourgeoise», bon chic bon genre. Tous ses choix culinaires, artistiques, musicaux, vestimentaires, recevaient l'approbation de son mari et des couples (BCBG également) qui faisaient partie de leur cercle d'amis.

Lorsqu'elle quitta son conjoint, Caroline, qui était suffisamment scolarisée, n'eut aucun mal à se trouver un emploi au sein d'une agence de publicité. Hors de sa petite bulle familiale et conjugale, elle découvrit, à force d'observations, qu'elle était plutôt... démodée! Elle se mit à magasiner et, après avoir essayé de nombreux styles vestimentaires, elle en adopta un qui convenait à sa personnalité que, par ailleurs, elle redécouvrait également. Puis, elle changea légèrement la coupe et la couleur de ses cheveux, apprit l'art du maquillage et décida de perdre quelques kilos en faisant du conditionnement physique. Au bout d'à peine 6 mois, Caroline avait rajeuni de 10 ans, au moins!

Quand elle rencontrait d'anciens «amis», ceux-ci la regardaient de haut, coupaient court aux conversations ou feignaient, purement et simplement, de ne pas la voir. Elle ne comprenait pas. Le sujet vint sur le terrain un jour où son *ex* était venu chercher les enfants. Elle lui fit part de l'attitude de ces couples qui, pendant des années, avaient fréquenté leur maison. «C'est pourtant simple, lui dit-il. Tu as vu comme tu t'habilles! Les gens "bien" ont honte d'être vus en ta compagnie. Tu t'habilles comme une gamine! Ces jupettes, ces botillons et ce maquillage ne sont plus de ton âge, ma pauvre Caroline.»

Caroline fut bouleversée. «Et si c'était vrai?» Elle posa la question autour d'elle et de part et d'autre, bien sûr, on la rassura. Son style lui allait très bien et elle n'était nullement déplacée. Une collègue de travail tira cette conclusion: «Tu sais, Caroline, tu viens d'être mise devant le syndrome masculin de la Vierge et de la putain. Pour bon nombre d'hommes, tu es forcément l'une ou l'autre...»

Caroline décida donc de s'en tenir à ses choix. Elle refusa, avec raison, de devoir se vieillir de 10 ans pour avoir l'air «respectable». Fort heureusement, elle découvrit que tous les hommes n'étaient pas du même avis que son *ex*.

La seconde histoire est celle de Benoit, 58 ans, veuf depuis de nombreuses années. Un jour, tout à fait par hasard, il fit la rencontre d'une femme de 35 ans dont il tomba éperdument et instantanément amoureux. Comme ces sentiments étaient réciproques, tout aurait dû aller pour le mieux dans le meilleur des mondes... Mais non! Les premiers jours qui suivirent ce coup de foudre, Benoit les passa à se sermonner. «Allons, pensa-t-il, tomber amoureux à mon âge! C'est ridicule. Qu'est-ce que les gens vont dire? Qu'est-ce que le monde va penser?» Cependant, il était absolument incapable de contrôler les battements de son cœur quand il pensait à sa belle, incapable de réfréner sa fébrilité quand retentissait la sonnerie du téléphone, incapable de fonctionner normalement. Il passait même de longues heures au téléphone avec l'objet de sa flamme, ce qu'il n'avait jamais fait auparavant, lui qui avait si souvent jugé imbéciles les individus qui perdaient ainsi de précieuses heures pendus au bout d'un fil.

Environ un mois plus tard, incapable de comprendre ou d'accepter ce qui se passait en lui (il perdait l'appétit, sa libido avait augmenté de façon inquiétante, il se surprenait à rêvasser des heures durant au lieu d'accomplir ses tâches, etc.), il consulta un psychologue. Ce dernier, un homme ouvert, moderne et sage, lui expliqua en souriant que ce qu'il ressentait, lui, Benoit, c'étaient tous les symptômes qu'éprouvent les adolescents amoureux et qu'il devait remercier le ciel d'avoir le privilège de les revivre à 58 ans. Il lui conseilla non seulement d'accepter ces émotions et de les vivre, mais aussi de s'en réjouir. Aux objections de Benoit, quant aux papotages et au qu'en-dira-t-on, il répondit par une question: «Benoit, le choix vous appartient. Qu'est-ce que vous préférez? Faire le deuil de cet amour naissant au nom d'un préjugé qui dit que l'amour est réservé aux jeunes ou vivre cette passion en bravant l'éventuelle désapprobation de quelques personnes, le plus souvent frustrées et jalouses?»

Benoit et sa douce se marièrent trois mois plus tard dans la joie, la liesse et l'admiration des gens de leur entourage. Aujourd'hui, Benoit est papa d'un enfant de quatre ans et il a retrouvé un bonheur de vivre qu'il croyait perdu à tout jamais.

Faites comme Caroline et Benoit. Apprenez à vaincre les cancans, les ragots et les manifestations de jalousie des gens de votre entourage. Faites fi du qu'en-dira-t-on! Affirmez vos goûts et vos envies en respectant VOTRE échelle de valeurs.

10

Les effets de la victoire

Apprendre à vaincre, c'est devenir maître de ses émotions. Devenir l'artisan de sa vie, c'est devenir un être heureux et équilibré. Voici ce que vous permettront ces victoires. Elles vous permettront de retrouver cette confiance en soi qui vous fait si cruellement défaut. Elles vous permettront également de retrouver la joie de vivre et de développer des automatismes de bonheur. Toutefois, il faut que vous appreniez, en contrepartie, à donner et à pardonner, et que vous vous engagiez à ne pas propager la rancœur, la rancune et le désir de vengeance, à faire un trait sur votre passé.

Vous devrez cesser, dès maintenant, de ressasser de vieilles rancunes. Il faut absolument que vous acceptiez de regarder droit devant vous, vers l'avenir. Et alors, comme le dit si bien une maxime anglophone... «*the sky is the limit...*»

LE PROFIL

Voici le profil d'un individu maître de sa destinée:

– Il persévère et fait preuve de ténacité. Il se fixe un objectif et y accroche son regard jusqu'au plein accomplissement.

– Il ne prend jamais un ragot pour de l'«argent comptant». Il va au fond des choses et ne porte jamais de jugement avant d'avoir en main toutes les données d'un problème.

– Il est capable de réfléchir avant de s'investir dans une entreprise. Il est sage, circonspect, prudent et ne prend jamais de risques inutiles.

– Il sait résister à la tentation des jouissances immédiates, car il est conscient que celles-ci sont généralement brèves, fugaces et fugitives.

– Il parle posément, calmement, sans jamais hausser le ton et ses paroles ne dépassent jamais sa pensée, car il réfléchit avant d'émettre quelque idée que ce soit.

– S'il est parfois victime de jalousie, d'envie ou de convoitise, il n'en laisse rien voir.

– Il exerce un excellent contrôle sur sa consommation de tabac, d'alcool, de drogues... Vous le verrez rarement, par ailleurs, aux tables de jeu des casinos.

– Il contrôle aisément son poids. L'émotif qui se domine n'est jamais ni obèse ni trop maigre.

– On peut lui faire confiance et lui livrer, en toute sécurité, nos secrets les plus chers. Ce type d'émotif est digne de confiance, car il est aussi muet qu'une tombe.

– Il est de nature calme, tranquille et posée, mais il est en même temps énergique, vigoureux et expressif.

– Il cherche constamment à s'améliorer et à devenir meilleur.

– Il a pour but l'acquisition de LA sagesse.

– Il ne subit pas la volonté des autres. Il exerce son libre arbitre en tout temps.

– Parce qu'il est très charismatique, l'émotif qui se contrôle exerce une grande influence sur son entourage même s'il n'en est pas toujours conscient.

– Il travaille constamment à corriger ses défauts et ses faiblesses pour les transformer en forces et en énergie positive.

– Il ne compte jamais sur autrui pour faire les choses à sa place. Il va vers la réussite seul et d'un pas déterminé.

11

Atténuer l'effet du stress

L'ENNEMI À BATTRE

Le stress est un fléau. Le stress désespère et rend malheureux des millions de personnes. Il est difficile de lutter contre lui, car c'est un adversaire de taille mais... pas invincible!

Vous avez lu tout ce qui précède et vous êtes maintenant prêt à passer à l'action... Répétez mille fois par jour... «Si je veux, je peux».

LA RESPIRATION

La première chose qu'un médecin ou une sage-femme vérifie, à la naissance d'un bébé, c'est s'il respire. Sans respiration, aucune vie n'est possible. La respiration est donc un phénomène vital. Il est curieux, et même déplorable, de constater le peu d'importance qu'on accorde généralement, dans notre société, à la respiration, puisque la qualité de vie d'un individu dépend en grande partie de la qualité de sa respiration, de son aptitude à inspirer et à expirer. En fait, la manière de respirer fait souvent la différence entre un individu capable de gérer ses émotions au fur et à mesure et un individu qui souffre de crises sporadiques, ou constantes, d'angoisse ou d'anxiété.

Il semble bien que nous ayons tous à réapprendre à respirer correctement. Et pourtant, la respiration est une fonction tout à fait naturelle. Le problème, c'est que nous en perdons rapidement le contrôle dès le sortir de notre état de poupon.

Si un état psychique négatif affecte la respiration, la mauvaise respiration, à son tour, affecte le psychisme. Quand un individu travaille sur le contrôle de sa respiration, il apprend, par le fait même, à devenir chaque jour un peu plus maître de son corps et de son mental.

Respirer correctement, en toutes circonstances mais particulièrement quand on doit affronter certains stress (altercations, déceptions, mécontentement, etc.), permet de garder le contrôle de ses émotions et de ne pas succomber à l'envie de s'emporter, de crier, d'être agressif. Elle permet de garder une certaine distance par rapport aux événements, une certaine impassibilité devant les épreuves et d'envisager les situations épineuses avec plus d'objectivité.

Il est donc primordial d'accorder une attention toute particulière à notre manière de respirer, car lorsqu'elle est bien pratiquée, la respiration augmente la capacité de concentration. De plus, elle diminue le stress, fait baisser la tension artérielle et musculaire, calme les nerfs en apaisant les émotions, augmente l'oxygénation des tissus et ralentit le rythme cardiaque.

La respiration comprend trois étapes: l'inspiration, la rétention et l'expiration. Il faut se pratiquer chaque jour et à tout moment à effectuer une respiration lente et profonde. Au début, le fait de visualiser l'air qui circule dans son corps et de sentir l'ouverture, l'extension de sa cage thoracique aide à exercer un bon contrôle. Avec le temps et la pratique, comme tout exercice, celui-ci devient automatique.

LA RELAXATION

«Tu devrais te relaxer un peu», dit Jean à Pierre, son copain nerveux qui semble courir sans cesse après quelque chose. «J'essaie, mon vieux, crois-moi, mais j'en suis incapable», répond Pierre. Et il est probablement sincère.

On parle beaucoup de l'importance de se relaxer, mais la relaxation est un exercice difficile à exécuter. Pratiquer la véritable relaxation ne consiste pas à s'asseoir confortablement dans un moelleux fauteuil avec sa boisson préférée et un bon film. Ça, à la limite, c'est se reposer le corps et l'esprit. Mais la vraie relaxation, celle qui fait disparaître la tension, celle qui chasse toutes les émotions négatives, c'est une tout autre chose.

Se relaxer, c'est se vider l'esprit, éliminer toutes les tensions, physiques et psychiques, toutes les crispations du corps.

La technique est simple. Pour commencer, vous devez vous trouver un endroit tranquille, là où vous ne serez pas dérangé, ni par le carillon de la porte ni par la sonnerie du téléphone. Prenez le temps, avant de débuter, d'enfiler des vêtements amples, d'éliminer tout ce qui vous gêne (ceinture, boucles d'oreilles, etc.). Il est extrêmement important que vous soyez parfaitement à l'aise. Vous pouvez, bien sûr, si vous le désirez, mettre une musique délassante en sourdine.

Puis, couchez-vous sur le dos, sans oreiller. Installez-vous confortablement, assurez-vous de n'avoir ni chaud ni froid, et pendant quelques minutes, respirez profondément: inspiration — rétention — expiration.

Dès que vous sentez que votre corps commence à se détendre, vous êtes prêt à commencer. Vous devez d'abord visualiser dans votre esprit toutes les parties de votre corps, de la tête aux pieds. Ensuite, portez votre attention sur un de vos pieds. Contractez-le au maximum, maintenez la tension quelques secondes et relâchez. Recommencez avec l'autre pied: contraction — rétention — relaxation. Vous devez faire cet exercice avec tous les muscles de votre corps, de bas en haut: les chevilles, les mollets, les cuisses, les fesses, le ventre, etc., jusqu'aux yeux.

Au début, cela vous semblera peut-être un peu long, mais avec la pratique, vous consacrerez de moins en moins de temps à cette mise en état. Et puis, dès la première fois, vous vous rendrez compte que les résultats valent largement les efforts.

Avec ce type de relaxation, vous devenez semblable à un magicien: vous faites disparaître, comme par enchantement, toutes les tensions, le stress, l'anxiété, l'inquiétude que vous ressentiez avant de commencer. Votre corps devient à la fois lourd et dense, mais aussi très, très léger comme s'il n'existait plus. Vous avez en même temps l'impression de vous enfoncer dans un gros matelas mou et doux, et celle de vous envoler dans une autre dimension.

Pour terminer la séance, remettez-vous à bouger tout doucement, un membre d'abord, avec légèreté, puis un autre et encore un autre. Étirez-vous ensuite comme le font les chats après une longue immobilité, puis... souriez.

Vous pouvez pratiquer cette technique à n'importe quel moment de la journée, particulièrement quand vous vivez des situations de stress. L'idéal est, bien sûr, au réveil, car cela permet de vivre le quotidien avec un esprit clair et un corps en paix, mais cela vaut aussi pour le soir, avant d'aller dormir.

Cependant, quel que soit le moment que vous privilégierez, veillez à ne pas vous endormir avant d'avoir terminé. Car le but de la relaxation est d'endormir la conscience ordinaire d'un individu, et non pas l'individu lui-même. L'objectif est de donner à la conscience l'occasion de se libérer et de partir à la découverte du temps, de l'espace et du cosmos afin de se découvrir soi-même et d'arriver à se comprendre mieux.

LA MÉDITATION

Savoir méditer, c'est être capable d'exercer, par le seul pouvoir de la volonté, un parfait contrôle sur son esprit; c'est être capable de discipliner sa pensée afin de se permettre de traverser les limites tridimensionnelles de notre monde, dans le but d'accéder à des états qu'on nomme «états altérés de conscience» ou «états modifiés de conscience». C'est donner les moyens à son esprit de franchir la porte qui mène à l'inconscient collectif, là où l'individualité humaine ne signifie plus rien mais où, au contraire, l'homme se fond harmonieusement dans un TOUT, découvrant, émerveillé, les plus grands secrets de l'Univers.

Pour atteindre cet état, il faut arriver à discipliner votre esprit, lui ordonner — ce qui n'est pas chose facile — d'arrêter de penser. Car l'esprit, à l'état de veille, fourmille de milliers d'idées et de pensées qui vont, viennent, se chevauchent, s'entrechoquent, donnant naissance à des kyrielles d'émotions. Méditer, c'est sevrer l'esprit de toutes ces émotions, car elles empêchent le mental d'établir des relations avec le cosmique. Il faut que l'esprit devienne clair et limpide.

Edgar Cayce disait de la méditation (lecture 281-13) qu'elle «consiste à libérer le moi de tout ce qui fait obstacle à l'ascension des forces créatrices le long des canaux naturels de l'homme, les chakras».

Une des meilleures manières de se mettre en état de méditation, c'est de s'asseoir confortablement, le dos droit, sans se croiser les jambes ni les bras (pour permettre une meilleure circulation d'énergie), et de fixer soit la flamme d'une bougie, soit un point précis sur un mur (un symbole accroché comme une étoile ou un cercle fait très bien l'affaire), placé à environ 10 cm de soi et à la hauteur des yeux.

Bien sûr, vous aurez pris soin auparavant de combler tous vos besoins physiologiques (soif, faim, envie d'uriner, etc.), vous aurez revêtu des vêtements légers et confortables, débranché le téléphone, etc.

Pour commencer, faites, durant quelques minutes, les exercices de respiration expliqués ci-dessus, sans cesser de fixer votre «cible». Vous ressentirez très rapidement des effets physiques bienfaisants: les muscles se relâchent, les nerfs se détendent, le souffle devient lent et profond.

Au début, il vous sera bien difficile de contrôler l'afflux de vos pensées. Car les pensées sont semblables à des mouches importunes: on a beau les chasser, elles reviennent inlassablement nous déranger. Le plus grand travail de la méditation consiste justement à devenir maître de ses pensées, maître de son esprit en n'y laissant entrer que... le vide!

La meilleure façon de faire disparaître les pensées (bonnes ou mauvaises) est de ne leur accorder AUCUNE importance, de les laisser glisser, indifféremment, imperturbablement, sans leur concéder ne serait-ce qu'un iota d'attention.

Alors, petit à petit, au cours de cet exercice, si vous l'exécutez tel que recommandé, vous vous sentirez de plus en plus détaché de l'illusion de la réalité. Vous passerez d'un état de matérialité à un état de spiritualité. Vous franchirez le seuil d'un univers accessible seulement aux plus persévérants.

LA VISUALISATION

La visualisation, c'est l'action de voir avec les yeux de l'esprit! Pour commencer, vous devez apprendre à vous détendre et, comme pour toutes les techniques précédentes, vous devez aussi apprendre à contrôler votre respiration. Concentrez-vous sur le «inspirer — retenir — expirer». Cela induira un état de relaxation propice à la visualisation qui est, sans aucun doute, une des meilleures façons de reconditionner le subconscient et de lui donner des ordres nouveaux...

Disons que vous êtes dans une situation qui provoque chez vous de l'impatience, de la fébrilité, de la colère retenue. Cela peut être une réunion de famille à laquelle vous vous êtes rendu seulement pour faire plaisir à votre partenaire, cela peut être aussi la salle d'urgence d'un hôpital ou la file d'attente du super-marché, ou encore une rencontre professionnelle, pénible et ennuyeuse. Vous êtes exaspéré!

Plutôt que de persister dans la colère et l'impatience, transmuez ces pénibles moments à votre avantage et faites-en des instants inoubliables de détente (tout à fait gratuits) en les utilisant pour nourrir votre subconscient de choses plaisantes. Il suffit de vous imaginer dans un endroit dont vous rêvez, n'importe où sur la planète, et même au-delà. Vous devez permettre à votre imaginaire d'être absolument sans limite, sans barrière, sans frontière.

Vous rêvez, par exemple, d'une plage ensoleillée, quelque part à Hawaï, ou alors vous rêvez depuis longtemps d'être un champion olympique ou un animateur de la télévision célèbre. Alors, sans vous censurer d'aucune façon, imaginez-vous étendu sur le sable fin, doux et chaud de votre plage, imaginez votre victoire sportive dans la discipline de votre choix, ou alors voyez-vous en train d'interviewer les plus grands de ce monde sous le feu des projecteurs. N'importe quoi! L'essentiel est de vous faire mentalement plaisir en visualisant des choses positives, qui donnent à votre esprit, à votre subconscient, le temps d'une rêverie, une fameuse nourriture.

N'allez surtout pas vous torturer les méninges en vous demandant où vous pourriez bien trouver l'argent pour vous rendre à Hawaï ou en vous disant que vous êtes beaucoup trop vieux pour les Jeux olympiques, ou encore pas assez compétent pour la télévision. Vous aurez compris que le but de l'exercice n'est pas de se casser la tête avec ce genre de considérations, mais bien de vivre vos désirs et vos espérances, *in extenso,* grâce à la magie de la visualisation.

Vous êtes libre d'«écrire» le scénario de votre film intérieur à votre guise. Laissez libre cours à votre imagination, à votre fantaisie et à votre plaisir; la colère, l'irritation et l'agacement que vous ressentiez, quelques minutes auparavant, disparaîtront... Le temps filera à toute allure et vous vous sentirez merveilleusement bien.

Bien entendu, plus la visualisation est intense et plus les résultats positifs sont nombreux.

PLEURER!

«Celui qui rit, vit», affirment de plus en plus les spécialistes de la santé. Pour David Bresler, psychologue, «le taux de plaisir est un indicateur de bonne santé». Nous avons besoin de faire monter notre taux de plaisir si nous voulons nous rétablir et nous rééquilibrer. Outre ses ordonnances médicales, ce psychologue prescrivait toujours à ses patients de rentrer chez eux, de garder une attitude positive et d'avoir du plaisir!

Nous verrons au chapitre 12 tous les bienfaits que peut accomplir le rire sur notre organisme et notre psychisme. Mais si la rigolothérapie (ou gélothérapie) est un exutoire tout à fait remarquable pour tout le genre humain, quelle que soit l'origine ou la religion, l'impérieux besoin de pleurer est, lui aussi, fondamental et commun à tous les peuples du monde. Et ce besoin, nous devons absolument l'assumer, car il en va de l'équilibre général du corps.

On a tous souvenir d'avoir entendu dire, ou d'avoir dit soi-même, à un jeune enfant mâle «Allons donc! Les petits gars ne doivent pas pleurer» ou à une fillette «Allez, cesse de pleurer, tu abîmes ton teint», ou encore à un adulte «Ne pleure plus, ça NE DONNE RIEN». Bref, à entendre ces commentaires, on pourrait facilement en déduire que pleurer est un acte négatif, ridicule, puéril, inutile et qu'en outre, il ne règle rien.

Et pourtant, rien n'est plus faux, car en réalité, pleurer est l'acte le plus sain, le plus normal, le plus naturel, un des plus souhaitables dans les situations de tension et un des plus rééquilibrants qui soit pour l'organisme dans sa globalité.

Selon William Frey, médecin et biochimiste, «le stress émotionnel produit des substances toxiques dans l'organisme et pleurer aide à les expulser du système». Cette théorie expliquerait sans doute l'ineffable sentiment de bien-être et de soulagement qui, généralement, nous envahit après une bonne crise de larmes.

Si le fait de laisser couler ses larmes en période de deuil est considéré par tous comme normal et souhaitable, car libérateur de peine et de chagrin, pourquoi pleurer quand la vie est lourde à porter est-il vu comme un manque de courage, une manifestation de faiblesse?

Pleurer lorsqu'un être cher est emporté par la Faucheuse est un acte on ne peut plus naturel; il est également naturel de pleurer dans toutes les circonstances de la vie, car cela permet non seulement de soulager quasi immédiatement la tension nerveuse, mais, en outre, de communiquer à autrui ses émotions et ses intentions.

S'interdire de pleurer en inhibant constamment sa peine conduit invariablement l'individu à refouler toutes ses autres émotions, comme la peur, la colère, la haine, et n'a d'autre résultat que de faire de ces individus, renfermés et introvertis, des êtres extrêmement malheureux, sombres et taciturnes ou, pis encore, des bombes ambulantes n'attendant qu'une occasion d'exploser au visage de la société.

Pour Frédéric Flach, psychiatre, «le stress rompt l'équilibre et les larmes le rétablissent». Il ajoute que «pleurer soulage le système nerveux central de la tension et que, si nous ne pleurons pas, cette tension ne peut s'en aller».

De plus en plus, on nous enseigne à considérer les larmes non plus comme une faiblesse mais, au contraire, comme une manifestation courageuse, un acte instinctif, une sorte de remède qui s'obtient sans ordonnance et duquel il faut apprendre à se servir dans un but de survie... Eh oui! de survie, rien de moins!

12

Quelques thérapies

Toutes les thérapies nécessitent une participation active, une attitude positive, de la foi, de la régularité et de la persévérance.

LA RIGOLOTHÉRAPIE

La première partie de ce chapitre sera consacrée à la thérapie par le rire. En fait, la rigolothérapie aurait pu s'inscrire parfaitement comme introduction à ce livre car pour moi, elle est beaucoup plus qu'une thérapie parmi tant d'autres. Le rire possède tellement de vertus que je lui accorde une place privilégiée dans ma vie. Vous comprendrez très certainement son importance après avoir lu ce qui suit.

L'opposé du stress, de l'anxiété et de la déprime n'est pas le calme plat, mais plutôt la joie, le rire, l'hilarité.

Le rire a des pouvoirs apaisants: il calme, il «déstresse», il allège les fardeaux. Le rire joue un rôle thérapeutique important et favorise le rétablissement et la guérison des maladies physiques et psychiques.

Aujourd'hui, de nombreux psychothérapeutes se spécialisent dans la thérapie par le rire. Ils apprennent à leurs patients comment chasser la douleur... en rigolant. Cependant, il ne faudrait pas croire qu'il s'agit là d'une théorie moderne puisque déjà, au XIIIe siècle, Henri de Mondeville, un chirurgien, interdisait à ses patients la colère, la haine et la tristesse qui affaiblissent le corps (selon lui), alors que la joie et le rire le fortifient. Il ne se doutait certainement pas, à ce moment-là, qu'on nommerait un jour «gélothérapie» ou «rigolothérapie» le fait de traiter des malades en leur prescrivant, entre autres, de rire.

En fait, les vertus médicinales du rire, sa puissance de guérison et son utilité dans le développement de la santé ont été vérifiées scientifiquement. De très nombreuses recherches célèbrent les bienfaits du rire, l'efficacité d'une attitude positive et du maintien d'un état d'esprit alliant l'espoir et la foi.

Le rire ne remplace pas les traitements médicaux traditionnels, mais il les complète. En outre, il faut faire intervenir, dans un processus de remise en forme, tout l'éventail des émotions positives: amour, espoir, foi, volonté de vivre et d'être bien, gaieté, résolution, détermination, etc. Il paraîtrait même, selon certaines études, que les optimistes survivraient plus longtemps au cancer que les pessimistes.

Pour le docteur Christian Tal Schaller, auteur du livre *Rire c'est la santé*, «le sérieux est probablement la maladie contagieuse la plus grave de notre société, bien pire que toutes les épidémies dont on parle dans les journaux. Le sérieux nous menace, le sérieux nous rend malades, le sérieux nous fait vivre dans le stress, et le rire est certainement la meilleure des thérapies pour nous en guérir».

Rire est une forme de relaxation simple et gratuite. Il a été démontré que 5 minutes de bon rire équivaut à 40 minutes de méditation transcendantale.

Je crois, par ailleurs, que dans une certaine mesure, c'est le ministère de la Santé et des Services sociaux, et non pas celui de la Culture, qui devrait prendre sur lui de subventionner les artisans du rire, car ce sont des thérapeutes en puissance. Ils dérident les gens, les amusent, les réjouissent. Bien sûr, ce qui vous fait rire laisse peut-être complètement indifférent votre voisin, mais peu importe! Que ce soit le génie de Stéphane Laporte allié à l'impressionnante habileté vocale d'André-Philippe Gagnon; que ce soient les «surprises» de Marcel Béliveau ou *La Petite Vie* de Claude Meunier; que ce soient les imitations de Claudine Mercier ou les grimaces de Michel Courtemanche; la Madame Jigger de Stéphane Rousseau ou les personnages de Daniel Lemire; l'humour tonitruant de Jean-Marc Parent, celui plus existentiel de Lise Dion ou celui carrément caricatural de François Pérusse qui vous fassent jubiler, gardez toujours à l'esprit que l'essentiel, c'est de rire.

Se tordre de rire, rire aux éclats, rire comme une baleine, comme un phoque, comme un bossu, rire en cascades, en crécelles, rire à gorge déployée, mais RIRE!

Les effets physiques
Le rire:

– supprime l'insomnie en épuisant la tension interne et est une bonne thérapie contre le stress et la dépression;

– a d'heureux effets sur la frigidité et l'impuissance, car il «accroît la réceptivité sexuelle chez la femme et favorise l'érection chez l'homme» (docteur Raymond Moody);

– aide le corps à fabriquer ses propres médicaments;

– aide le cerveau à produire des hormones dont les effets sont semblables à ceux de la morphine. Ces hormones, les endorphines, agissent non seulement en tant qu'analgésiques, mais également en tant que stimulants du système immunitaire;

– contribue à diminuer immédiatement la douloureuse intensité des symptômes éprouvés par une personne souffrant d'un problème chronique (ou d'un malaise physique lié au mal-être) à la fois grâce aux endorphines et au fait qu'au moment où l'on rit, l'esprit n'accorde plus beaucoup, ou plus du tout, d'attention à la douleur;

– stimule les organes internes et est une forme d'exercice physique qui vaut bien une séance de jogging ou une session de vélo stationnaire;

– nettoie et libère les voies respiratoires supérieures. On affirme même qu'on pourrait faire cesser une crise d'asthme si on arrivait à faire rire la personne en crise;

– aide à venir à bout des maux de tête récalcitrants, de la fatigue et de la lassitude;

– est un des meilleurs moyens naturels pour lutter contre la constipation physique et... intellectuelle!

Les effets psychiques
Le rire:

– est une excellente façon de faire face aux situations incongrues;

– aide à affronter les situations éprouvantes. À cet égard, qui n'a jamais vécu la honte d'un fou rire dans un salon mortuaire? Le rire, à ce moment-là, allège pour un certain temps le fardeau de la peine;

– balaie nombre de préoccupations et de peurs qui prédisposent à la maladie;

– aide l'individu à affronter ses problèmes personnels d'une façon plus détendue;

– augmente la créativité et l'agileté de la pensée;

– permet de faire face plus facilement à des tensions, à de graves problèmes personnels, à des stress importants de la vie. En fait, le rire améliore la vision de l'existence, quelle que soit la tristesse de la réalité;

– est un antidote émotionnel à la plupart des difficultés, des contrariétés et des tracasseries de la vie quotidienne;

– est l'expression de notre liberté sur tout ce qui est désagréable, imposé ou routinier;

– dédramatise les conflits et les querelles, et ramène souvent l'harmonie et la bonne entente;

– est, selon Henri Bragson, sociologue, un facteur d'intégration sociale, un phénomène de groupe avec sa notion d'entente et de contagion;

– rend plus humain celui qui l'utilise et permet de faire passer de bons moments à ceux qui se trouvent en sa compagnie;

– contribue à la préservation de l'équilibre mental;

– aide à réagir contre les affronts imaginaires et à combattre la mauvaise humeur;

– empêche de verser dans le pessimisme, la tristesse et le découragement;

– selon le clown Kinou, il dissout le formalisme, crée une complicité et une connivence, fait fondre la glace et fait s'évanouir l'agressivité;

– provoque une désintoxication morale.

Bon, ça y est! Vous venez de prendre conscience que vous ne riez pas assez souvent! Allez, n'en faites pas une jaunisse. Louez plutôt un bon film, achetez-vous un livre de blagues de celle qu'on appelait La Poune (dont la longévité en dit long), une cassette des Bleu Poudre ou de François Pérusse; réécoutez vos vieux disques des Cyniques, lisez Astérix, Achille Talon ou Mafalda, empruntez des magazines d'humour à votre bibliothèque ou payez-vous un billet pour aller voir la pièce *Broue* dont la longévité en dit aussi long que celle de La Poune...

Peu importe ce que vous ferez, de grâce, ne laissez pas le cafard, l'ennui, le désespoir vous harponner et vous meurtrir. Sortez de votre léthargie, secouez-vous un peu, esclaffez-vous et si rien ne vous fait rire, riez de vous-même! Gardez toujours présent à l'esprit ces mots de Montesquieu: «La gravité est le bonheur des imbéciles.» Essayez de vous prendre un peu moins au sérieux et le fardeau de l'existence pourrait bien s'alléger un peu plus à chaque éclat de rire. Et puis, n'oubliez jamais, comme le disait si bien Confucius, que «la joie est en tout, il faut savoir l'extraire».

À méditer

• «La plus perdue de toutes les journées est celle où l'on n'a pas ri.» (Chamfort)

• «Un cœur joyeux guérit comme une médecine, mais un esprit chagrin dessèche les os.» (proverbe de la Bible)

• «Il faut rire avant que d'être heureux de peur de mourir avant d'avoir ri.» (La Bruyère)

• «On n'est jamais puni pour avoir fait mourir de rire.» (proverbe chinois)

• «L'animal qui souffre le plus sur terre a inventé le rire.» (Friedrich Nietzsche)

• «Le rire est l'orgasme de l'esprit.» (André Deschenaux)

• «Faites attention aux hommes qui ne rient pas, ils sont dangereux.» (Jules César)

• «Je me presse de rire de tout de peur d'être obligé d'en pleurer.» (Beaumarchais)

L'AROMATHÉRAPIE

L'aromathérapie est une technique qui consiste à soigner à l'aide d'huiles essentielles.

Les huiles essentielles sont des essences aromatiques extraites des plantes et auxquelles on prête des propriétés curatives. Elles peuvent être utilisées en massage (quelques gouttes dans une bouteille d'huile d'amande douce), en inhalation ou dans l'eau du bain. Cependant, pour ce qui est de les boire, diluées dans de l'eau chaude, il faut être extrêmement prudent car de trop fortes concentrations peuvent causer des problèmes graves. Il vaut mieux, quand il s'agit de consommer des huiles essentielles par voie orale, prendre l'avis d'un aromathérapeute.

Certaines personnes étant plus sensibles que d'autres au niveau de l'épiderme et des voies respiratoires, il vaut toujours mieux y aller avec beaucoup de précaution.

Les huiles ont toutes une ou plusieurs propriétés. Certaines sont antiasthéniques, stimulantes, revigorantes, antidépressives, tonifiantes, fortifiantes; d'autres sont relaxantes, sédatives, apaisantes, lénifiantes. Certaines renforcent la concentration, d'autres éclaircissent la pensée, d'autres encore augmentent l'acuité intellectuelle.

À vous de les étudier et de décider laquelle ou lesquelles vous conviennent le mieux.

agitation, nervosité	orange douce
angoisse	cèdre, fenouil, orange douce, romarin, rose
apathie	jasmin, palissandre, thym
confusion	eucalyptus, thym

dépression	basilic, camomille, patchouli, rose, verveine
déséquilibre de l'humeur	rose
faiblesse générale	marjolaine
hypertension	citron, sauge solarisée
insomnie	camphre, genièvre, néroli
mal de tête	camomille, genièvre, lavande, marjolaine, menthe, rose
panique	genièvre, néroli
manque d'appétit sexuel	cannelle
stress et tension	anis, basilic, bois de santal, mandarine, néroli, ylang-ylang

L'ANALYSE DES RÊVES

L'analyse des rêves s'avère être, dans plusieurs cas, une excellente thérapie pour lutter contre les problèmes quotidiens. Quand, avec de la pratique, on arrive à déchiffrer les messages livrés par les rêves, on possède une clé pour ouvrir plusieurs portes (à l'intérieur de soi) et le pouvoir, en outre, de régler de très nombreux problèmes.

Platon disait qu'en chacun de nous, même chez le meilleur, existe une facette sauvage, animale, qui se moque des lois et qui transparaît lorsque nous dormons; Carl Gustav Jung utilisait le mot «ombre» pour désigner cette sombre facette. Pour Sigmund Freud, tout rêve correspondait à la satisfaction d'un désir refoulé; le philosophe grec Zénon, lui, soutenait que l'étude de nos rêves était essentielle à la connaissance de soi.

Le rêve, c'est le voyage de l'âme (momentanément débarrassée de son encombrante enveloppe physique) au pays de l'inconscient collectif. C'est l'accès préautorisé à la conscience universelle; c'est aussi, quand on sait l'utiliser, un passeport pour la liberté.

Quand on sombre dans le sommeil, l'ordre naturel des choses s'inverse. Le conscient (avec sa réalité physique) s'évanouit temporairement pour céder la place à l'inconscient et à sa puissance spirituelle et psychique. Friedrich Nietzsche déclarait, outré, dans un de ses livres: «Vous voulez être responsable de toutes choses excepté de vos rêves! Quel manque de courage logique! Rien ne vous appartient plus en propre que vos rêves, rien n'est davantage votre œuvre! Sujet, forme, durée, acteur, spectateur, dans ces comédies, vous êtes tout vous-même! Et c'est là, justement, que vous avez peur...»

Vous voulez cesser de céder à la peur d'analyser profondément et sincèrement vos rêves? Vous voulez cesser de les vivre passivement? Vous désirez véritablement apprendre à déchiffrer ces rébus? Vous désirez apprendre à déchiffrer ces messages codés que vous envoie votre subconscient et qui contiennent peut-être la solution à vos problèmes de fatigue, de déprime, de frustration et de stress? Alors, suivez-moi et procédons par ordre.

Nous entendons ou nous prononçons souvent ces mots: «Moi, je ne rêve jamais...» C'est impossible! Nous rêvons tous! Oui, il est maintenant et scientifiquement établi que le rêve est absolument essentiel à la survie de l'homme; que s'il ne rêvait pas, il mourrait. Malheureusement, pour mille et une raisons, il arrive souvent que l'on perde, au réveil, le souvenir de nos excursions nocturnes. Voici comment faire pour se les rappeler. Cependant, vous devez vous souvenir que ce n'est qu'après avoir fait ces exercices de façon régulière, pendant un certain temps, que vous serez en mesure de classifier vos rêves et partant, de les interpréter comme il se doit et d'en tirer des conclusions.

Souvenez-vous aussi que certains types de rêves sont véritablement des solutions aux problèmes quotidiens. Leur analyse vous permettra de mieux maîtriser les événements et, par conséquent, les émotions négatives inhérentes à ces mêmes événements.

Pour commencer, il convient, évidemment, de bien se préparer au sommeil. Certains rituels peuvent favoriser un meilleur repos et stimuler certains rêves. Relisez la section «L'insomnie» à la page 54.

En outre, s'il y a un problème qui vous taraude particulièrement l'esprit, écrivez-le sur une feuille et glissez celle-ci sous votre oreiller. Vous pouvez également poser une question d'ordre général, personnel, professionnel, médical ou autre, ou encore demander à un parent décédé de vous éclairer par un rêve porteur de message. Répétez plusieurs fois à voix basse mais suffisamment forte pour vous entendre: «En me réveillant, je me souviendrai de mes rêves.»

Ce qu'il faut faire

– Notez vos rêves tous les jours. Prendre cette habitude semble augmenter notre capacité à nous souvenir et, bien sûr, il devient ainsi plus facile, chaque fois que l'occasion se présente, de vérifier la concrétisation d'un message onirique.

– Évitez les réveils trop brusques. Avant de vous lever, restez quelques instants immobile, les yeux fermés, et laissez les images de vos rêves se présenter à vous, même s'ils ressemblent seulement à des *flashs* bizarres, sans rapport entre eux. Essayez de les mémoriser, sans faire d'effort, toujours les yeux fermés. Restez dans l'atmosphère. Plus on fait d'efforts pour se souvenir, plus on s'agite et plus le rêve fuit.

– Ouvrez les yeux et notez (ou enregistrez) les grandes lignes du rêve. Vous verrez que, peu à peu, d'autres détails ressurgiront de votre mémoire. S'il le faut, notez seulement un mot, un nom et plus tard, dans la journée, d'autres fragments vous reviendront sans doute. Transcrivez TOUT. Même les détails qui vous paraissent insignifiants sont importants aux fins de l'interprétation.

ATTENTION: Il ne faut pas en «rajouter» pour embellir ni «rayer» des détails désagréables qui nous semblent humiliants, honteux ou dégradants. Saint Jean Chrysostome fit remarquer que, n'étant pas consciemment responsables de nos rêves, nous ne devions pas avoir honte des images qu'ils nous faisaient découvrir. Il faut être franc envers soi-même et ne pas pratiquer d'autocensure.

– Après avoir transcrit des mots, des noms, des bribes de phrases, il faut tenter, dans la mesure du possible, de raconter le rêve dans son déroulement, comme une histoire avec un début, un milieu et une fin. Il faut préciser, avec toute la justesse possible, l'atmosphère du rêve, les couleurs qui dominaient, le temps qu'il faisait, les chiffres, s'il en est apparu, les émotions ressenties, etc.

Si vous rêvez plus d'une fois dans la même nuit, il faut les noter en ordre. Le second est souvent une suite du premier ou une réponse à celui-ci, et ainsi de suite.

L'interprétation

Déchiffrer un rêve, transposer sa symbolique dans la réalité quotidienne n'est pas une mince affaire. Comme les rêves sont des messages qui nous concernent personnellement, dont nous sommes le seul public, nous sommes donc seuls à être capables de les raconter et, par conséquent, à en trouver le sens.

Toutes les clés des songes que nous proposent les libraires sont une référence pour comprendre les symboles universels. Cependant, c'est dans votre passé, vos désirs, vos ambitions, vos inhibitions, votre vie de tous les jours que vous devez chercher les concordances symboliques. Le rêve est porteur d'énigmes; il faut les résoudre.

Pour Jung, le rêve peut être révélateur d'une crainte, qu'il faut alors apprendre à surmonter, ou l'expression d'un désir caché, qu'il faut absolument assumer.

L'interprétation des rêves, c'est un moyen d'investigation, de découverte de soi-même qui est mis, tout à fait gratuitement, à notre disposition. C'est un sentier d'évolution; un sentier qui fournit à tous les êtres humains l'occasion de devenir enfin maîtres de leur existence, de leurs émotions, de leur destinée.

Ne vous découragez pas trop vite. Donnez-vous le temps de connaître le symbolisme qu'utilise VOTRE inconscient, son langage secret. Cela peut prendre quelques mois, mais vous serez récompensé de votre persévérance lorsque vous saurez «lire» vos rêves comme on lit un livre.

Laissez ressurgir les problèmes ensevelis, les souvenirs pénibles, les traumatismes infantiles, les problèmes sexuels qui sont refoulés dans votre inconscient. Ils sont peut-être la cause de vos malaises d'aujourd'hui. Cessez de «pousser» dessus pour les enfoncer encore plus profondément. Faites plutôt le contraire! Libérez-les et vous vous libérerez vous-même. Laissez-les jaillir, se manifester car toutes ces émotions réprimées, retenues, comprimées vous empoisonnent, lentement mais sûrement. Il faut les expulser hors de vous, les chasser, les éconduire comme des visiteurs importuns que, somme toute, ils sont.

À ce moment-là, vous pourrez enfin, l'esprit clair et serein, envisager la vie sous un autre angle, avec un regard neuf et le cœur plus léger.

SOUS D'AUTRES CIEUX...

Il existe, bien sûr, d'innombrables thérapies qui peuvent nous aider à maîtriser nos émotions — une encyclopédie ne suffirait d'ailleurs pas à en faire le tour. Aussi, celles que je vous ai suggérées dans ces dernières pages ne sont là qu'à titre d'exemple. Elles peuvent s'avérer efficaces, mais il y en a peut- être d'autres avec lesquelles vous vous sentirez plus à l'aise.

Tout cela pour vous suggérer, dans votre quête de la maîtrise de vos émotions, de ne pas hésiter à faire un tour d'horizon de tout ce qui peut vous être offert. La massothérapie pourrait peut-être mieux vous convenir. Ou encore la chromothérapie. Ou quoi d'autre encore?

Retenez que vous êtes le seul juge de ce que vous déciderez d'entreprendre. Vous n'avez pas à vous laisser influencer, à privilégier une façon qu'un proche ou un ami vous recommande, au détriment de ce que vous souhaitez, vous.

Conclusion

Chacun d'entre vous, amis lecteurs et lectrices, a sans doute déjà entendu parler de ce rêve de l'homme, incontestablement le plus grandiose de tous les rêves d'homme, qui est d'arriver à transformer le plomb, ce vil et lourd métal, en or, le plus raffiné et le plus pur des métaux.

On appelle «alchimie» la science de ces infatigables chercheurs qui ont passé, au fil des siècles, des jours et des nuits à attiser dans l'*athanor* (four à feu continu) un feu éternel, afin de permettre que se produise la mutation de la matière.

Parallèlement à ces travaux, les alchimistes poursuivaient leur quête incessante de la pierre philosophale (ou élixir de vie) qui devait donner à ses possesseurs l'immortalité spirituelle et physique. De concoctions en concoctions, les alchimistes espéraient découvrir une substance capable d'assurer la perfection et la pérennité, entre autres, du genre humain.

Par ailleurs, l'alchimie, selon de nombreux philo-sophes, historiens et chercheurs, était aussi une sorte de système établi sur des bases philosophiques; elle vé-hiculait, à travers son enseignement (disponible seule-ment pour les initiés), une certaine prétention à être capable de pénétrer certains (sinon tous) mystères de la vie.

EN NOUS

Des expériences, relativement récentes, ont démontré qu'il est effectivement possible (bien que cela soit ex-trêmement coûteux) de transformer du plomb ou de l'étain en or très pur grâce à la mutation de la molé-cule.

Mais aujourd'hui, ils sont de plus en plus nom-breux les philosophes qui croient que cette fameuse pierre philosophale se trouve, en fait, à l'intérieur de chaque être humain et que la transmutation du plomb en or, dont la littérature abonde, ne serait rien d'autre que la constante évolution de l'être humain jusqu'à un niveau hautement spirituel, qui l'élèverait à un statut divin. Un niveau si haut que l'individu l'ayant atteint aurait une espérance de vie infinie lui permettant de décider lui-même du jour et de l'heure de son dernier départ.

Le plomb évoque, pour moi, l'homme matérialiste, épicurien et jouisseur qu'il est possible, grâce à une évolution spirituelle progressive (l'alchimie mentale), d'élever à un niveau de perfection, de beauté, de rayonnement et d'achèvement aussi parfait que celui de l'or le plus pur.

Mais pour y arriver, l'homme, en général, a besoin d'une longue, longue cure de désintoxication. En effet, tout individu, quel qu'il soit, qui désire s'engager sur la voie du changement positif doit être prêt à travailler sur lui-même dans le but de purifier son véhicule physique et son esprit en se désintoxiquant des sentiments négatifs, des émotions destructrices, des mauvaises habitudes, des pensées sombres et pessimistes. Bien entendu, nul n'y arrive en quelques jours. Mais chaque jour procure son lot de victoires et de satisfactions, son lot de bonheurs et de joies imputables à une nouvelle façon d'agir et de réagir.

N'essayez pas d'aller trop vite. Donnez-vous le temps d'assimiler chaque nouveau changement. Ne chamboulez pas votre vie de la cave au grenier dans l'espoir d'aller plus rapidement. «À chaque jour suffit sa peine.»

Adoptez la théorie des petits pas. Fixez-vous un objectif précis concernant un aspect précis de votre vie que vous aimeriez changer. Consacrez toutes vos énergies à atteindre cet objectif. Quand cela sera fait, quand vous aurez réussi, déterminez alors un autre objectif, un autre but, et de nouveau, concentrez-vous sur la cible à atteindre. Vous verrez que tout sera de plus en plus facile et que vous vivrez de plus en plus heureux.

Bibliographie

AMBRA, Gilles d'. *Vivez bien vos émotions,* Paris, Sand, 1996.

CALLWOOD, June. *Love, hate, fear, anger and the other lively emotions,* Garden City, (N.Y.), Doubleday, 1964.

DIAMOND, John. *L'énergie de vivre: comment jouer avec le stress, libérer le pouvoir des émotions, pour un bien-être total,* Barret-le-Bas (France), Le Souffle d'or, 1996.

DOBSON, James. *Emotions: can you trust them?,* Toronto, Bantam Book, 1982.

GREEN, Stephen A. *Feel good again: coping with the emotions of illnes,* Mount Vernon (N.Y.) Consumers Union, 1990.

LANGS, Robert. *Dominez les émotions qui vous détruisent,* Montréal, Le Jour, 1993.

LAZARUS, Richard S. *Passion and reason: making sense of our emotions,* New York, Oxford University Press, 1994.

LEWIS, Michael et Haviland. *Jeannette, handbook of emotions,* New York, Guilford Press, 1993.

LISS, Jerôme. *Débloquez vos émotions,* Paris, Tchou, 1978.

PADUS, Emrika. *The complete guide to your emotions and your health: hundreds of proven techniques to harmonize mind & body for happy, healthy living,* Pennsylvania, Rodale Press, 1992.

Table des matières